横道誠 編・著

# 信仰から解放されない子どもたち

#宗教2世に信教の自由を

明石書店

# はじめに

筆者が宗教2世のための自助グループを開催するようになったのは、二〇二〇年の五月だった。きっかけは、筆者が二〇一九年四月に発達障害（自閉スペクトラム症と注意欠如・多動症）の診断を受けたことにある。発達障害は投薬や手術によって治療することができない。診断を受けて通院をしていても、ほとんど生きづらさが軽減しないことに絶望を深めていた筆者は、一年後の二〇二〇年四月から、発達障害者のための自助グループを主宰することを決めた。同じ問題を抱えた者同士の語りあいの場から、生きやすくなるためのヒントを分けあおうと思ったのだ。

すぐに浮上した問題は、一口に発達障害者といっても、背景とする家庭環境などが千差万別ということだ。そこで筆者は子どもの頃に家庭が壊れていた人、つまり機能不全家族の出身者（アダルトチルドレン）と語りあえる自助会がほしいと考え、新たに別の自助グループを立ちあげた。だが一口に機能不全家庭といっても、やはり家庭の壊れ方はさまざまで、集まった仲間たちに宗教の話が伝わらないことは多かった。それで、さらに宗教2世のための自助グループを立ちあげたのが二〇二〇年五月のことだ。ここまで言及していないものでは、LGBTQ+向けの自助グループも立ちあげ、ほかにもいくつかの自助グループを運営している。

宗教2世のための自助グループは、開設以来二〇二二年一二月までの二年半のあいだに、一時間半から二時間のオンライン会合を約四〇回開催し、のべ二七〇人が参加してくれた。毎回のように参加してくれる人も、一回だけの参加に留まった人もいる。筆者は各種自助グループで「当事者研究」を主柱に据え、知見を集めた。当事者研究とは、生きづらさを抱えた人が、似た悩みを持つ人と苦労の仕組みを研究し、より生きやすい状況を構築していくという取りくみだ。ただし参加者のなかには、当事者研究ではなく情報収集などを求める人もいるため、出てくる要望には柔軟に対応している。

二〇二一年五月、筆者は自分を対象として進めてきた当事者研究の成果をまとめて、単著単行本『みんな水の中——「発達障害」自助グループの文学研究者はどんな世界に棲んでいるか』（医学書院）として刊行した。そこで初めて筆者は自分の発達障害、アダルトチルドレン、LGBTQ+、宗教2世としての属性をカミングアウトした。ちょうどこの年、NHK総合は宗教2世に関する三つのテレビ番組を制作していて、筆者はそのひとつに宗教2世の当事者かつ自助グループの主宰者として出演した。筆者がマスメディアの取材に応えたのは、そのときが初めてだった。

自助グループでは、当事者研究のほかにオープンダイアローグ（フィンランドで始まった対話方式の精神療法）風の対話実践をやるようになって、このふたつの実践を筆者の第二の単著単行本『唯が行く！——当事者研究とオープンダイアローグ奮闘記』（金剛出版）にまとめ、二〇二二年二月に刊行した。フィクション仕立てで自助グループの様子を描いているのだが、登場人物のひとりは宗教2世で、彼のためにオープンダイアローグ的な対話実践が実施される場面を描いた。そのしばらく前に、『みんな水の中』を読んでくれた編集者から依頼を受け、雑誌『中央公論』二〇二二年二月号に『宗教2世問題とは何か——当事者の立場と、研究者としての立場から』と題する論考を寄せた。その頃には、二〇二二年四月に刊行されることになる『イスタンブールで青に溺れる——発達障害者の世界周遊記』（文藝春秋）と、二〇二二年一〇月に刊行されることになる『ある大学教員の日常と非日常——障害者モード、コロナ禍、ウクライナ侵攻』（晶文社）の原稿も書いていて、これらの書物でも宗教2世としての心理状況を、ときには明示的に、ときには暗示的に表明していった。

二〇二二年七月八日、日本を揺るがした安倍晋三銃撃事件が発生し、同日中に山上徹也容疑者は、とある宗教団体に恨みを抱いて犯行に至ったことが報道された。筆者も含めて宗教2世たちは、すみやかに混乱のなかに放りいれられた。宗教2世たちが集まるツイッターの「2世界隈」で、その年の最大の話題と言えば、菊池真理子さんの宗教2世マンガが冬に打ちきりになったという事件だった。「表現の自由」をめぐる問題で、多くの2世が怒りの声をあげた。春には宗教2世に取材した映画『星の子』がアマゾン・プライムやネットフリックスで配信開始したことから、それを勇気を出して観るか、やはり観ないかと2世たちが意見を表明しあっていた。私たちはみな真剣だったが、いまから思えば平和な状況だったのかもしれない。

宗教2世たちがツイートする内容は、ふだんから必ずしも宗教絡みの内容ばかりではなかった。「2世界隈」のために作ったアカウントでも、日常的な身辺雑記をツイートすることは珍しくない。しかし、銃撃事件の日から「2世界隈」は沸騰した。否、アカウントを切りかえて別の界隈の動向を探っても、ツイートされる話題は宗教問題まみれとなった。筆者にとって衝撃的だったのは、「宗教2世界隈」では日常的にツイートされ、ほとんど誰にも「いいね」されたり、リツイートされたりすることがないような話題が、事件の直後から「2世界隈」の外部でツイートされ、盛んにバズって、大量の「いいね」を集め、リツイートされていることだった。宗教2世たちの生きてきた世界が、世間の人々からおおむね無視されていることは2世たちにとって「常識」で、両者のあいだには深刻な断絶があることを2世たちは心底から理解していたはずなのだが、自分たちにとっては当たり前の知見、情報、体験談などが、世間の人に突如として衝撃を与えるようになり、世間の耳目が自分たちに集まりだしたことが、驚きとなって迫ってきた。宗教2世たちと世間との断絶が、これ以上ない仕方で可視化されたのだ。

前年NHKのテレビ番組に出たこと、数ヶ月前に『中央公論』に寄稿していたことが注目され、筆者には新聞、雑誌、ラジオ、テレビからつぎつぎに取材が押しよせるようになった。筆者個人への取材もあれば、筆者が主宰している自助グループへの取材もあった。しばらくすると、これまで児童虐待に関する本などを手がけてきた明石書店の深澤孝之さんから依頼されて、本書の企画が立ちあがることになった。前もって晶文社からも筆者を編著者とする本の依頼が来ていて、太田出版からは分担執筆者として参加する本の依頼が来ていた。テレビ番組やラジオ番組からも出演依頼が来て、雑誌での宗教2世関連本の書評の依頼も来ていたから、それぞれの媒体で話題が完全に重なることがないように、それぞれの本で筆者の個々の見解の発展の軌跡が示されるように努力しながら執筆活動を続けた。

銃撃事件の数日後、ツイッターで「#宗教2世に信教の自由を」というハッシュタグを見かけた筆者は心を打たれ、同じハッシュタグをつけていくつかのツイートを投稿した。気になって調べてみると、統一教会2世の高橋みゆきさん（仮名）が、事件の翌日からこのハッシュタグをスローガンとして宗教2世支援のための署名運動を開始し、それが多くの賛同者を得ていた。高橋さんは合同結婚式を経た両親のもとに生まれた「祝福2世」で、署名は七万人を超えた九月二八日の段階で、厚生労働省などに提出された。筆者はこのハッシュタグを本書の副題に使用したいと要望し、担当編集者の深澤さんが高橋さんに打診して、承諾を得てくれた。

「宗教2世に信教の自由を」というスローガンに疑問を持つ人もいるかもしれない。信教の自由さえ保障されれば、すべてが解決に向かうのかと詰められれば、そんなことはないと答えるほかない。しかし私たち宗教2世は、親への「信教の自由」が日本国憲法によって保障されているのが原因で、親に子どもたちの信教の自由を犯すことを許してしまっている。伝統的には、子ども信者が親信者の信仰を継承するのは普通のことだったはずだが、そのような信仰の継承は時代の流れに合わなくなりつつある。いわゆる宗教2世として、宗教被害に声をあげている人々には、その事態がもっとも濃厚に体現されているわけだ。「宗教2世に信教の自由を」という訴えが叶えば、宗教2世問題に根本的な解決がもたらされるとは思わないが、このハッシュタグがきわめて多くの人を揺さぶるものになっていることはまちがいないだろう。

本書は当事者や研究者にも向けられているが、それ以上に支援者に読まれてほしいと考えている。筆者は当事者として2世問題に関わってきた。そして、宗教問題を専門とするのではないが、研究者として生きてきたために、宗教社会学の論文などもそれほど苦労なく理解することができる。そのうえで思うのは、いま何よりも足りていないのは、支援者からの関与だと思わざるを得ない。その思いを踏まえて、本書をつぎのように構成した。

まず序章では、筆者自身のエホバの証人2世としての宗教体験と、その後の人生の歩みを提示する。第I部では、統一教会の教団施設で育った祝福2世のぷるもさん、オウム真理教2世として育ち、過酷な迫害にさらされたうえに、かつての信者仲間を絞首刑によって失ったまひろさん、天理教5世として信仰と不信仰の葛藤に苦しんだヨシさん、エホバの証人2世として自己形成し、弟の自殺を体験してしまったちざわりんさん、そして創価学会2世としての過去を持ち、母親の自殺を体験した菊池真理子さんの声を届ける。菊池さんは前述した宗教2世マンガの作者で、本書では依頼してジャケット画を書いてもらったほか、おまけマンガも寄せていただいている。

序章と第Ⅰ部を通じて、読者はカウンセラーの信田さよ子さんが『家族と国家は共謀する』の一節にさりげなく書きつけた「どんな専門書も極限を生き抜いた当事者の言葉に勝るものはない」という言葉を理解できるようになるだろう。この言葉を筆者はちざわりんさんのツイートから知って、深く勇気づけられた。本書ではヨシさんのみが、脱会しなかった宗教2世として宗教2世のために発言してくれたが、おそらく脱会して傷ついた2世たちには、ついに脱会しなかった2世は、自分たちに対して完全には理解してくれないものなのだと感じられてしまうかもしれない。

なお、第Ⅰ部に関しては、個人情報の保護のために、一部の背景に改変を加えていることをご理解いただきたい。

第Ⅱ部では、筆者がさまざまな分野の専門家たちと意見を交換していく。教育行政学を専門とし、政策への提言もおこなっている末冨芳さん、ソーシャルワーカーと弁護士を兼ねた安井飛鳥さん、カルト問題に関する第一人者でジャーナリストの藤倉善郎さん、宗教社会学者で、銃撃事件以後に宗教問題のもっとも重要な発信者のひとりとなった塚田穂高さんが、宗教2世当事者の筆者と意見を交換してくれた。それぞれ多忙な方々だが、「宗教問題の専門家」とはけっして言えない筆者に真摯に対応してくださったことを心から感謝している。それぞれの示唆に富んだ見解をじっくり味読してくれれば、ありがたいと考える次第だ。

目次

## 第Ⅱ部　対談　各分野のプロフェッショナルはどう考えるか

# 永遠の地獄だと思いながら日々を生きていた。人生の早い段階で、何度も「永遠」を感じたことは、私の人生観を特殊なものにした。

――編著者・横道誠の宗教2世体験

## ◉私の両親

私の母は、鹿児島県出身、海に囲まれた奄美《あまみ》大島の裕福な家庭で育ったらしい。母の父親、つまり私の祖父は公務員で、長男、長女（母）、次男、三男という兄弟構成だった。母が高校生のときに家に帰ってきたら、父親が亡くなっていた。朝、仕事仲間とドライブに行くということで送りだしたのだが、同行者が運転していた車が事故を起こして、その巻き添えで死んでしまったのだ。家の遺産を長男が遊びに使いこんでしまったので、母は高校を中退して、大阪に働きに出て、母親

（私の祖母）とふたりの弟のために仕送りをする生活に入った。「いいところのお嬢さん」から、生活が急に暗転したわけで、自分の人生に否定的な感情を抱いている様子を、頻繁に垣間見せていた。発達障害の診断を受けたいまでは、母も発達障害の特性がはっきりしていると感じる。かつてこの障害はほとんど認知されていなかったから、そうとう生きづらかったにちがいない。親しい友だちもなかなか作れなかったようで、「昔ながらの友人」がいると聞いたことがない。そういう孤独な人は、宗教勧誘の良いカモになる。

父は長崎の五島列島の出身で、六人か七人の兄弟の末っ子だった。父親、つまり私の父方の祖父は、戦後しばらくして亡くなったので、父親は顔もほとんど覚えていないと言っていた。長兄とはちょうど二〇歳離れていて、彼が親代わりになって、大黒柱としていろいろ父の面倒を見てくれたという。父親は現代風に言えば「イケメン」で、一九七〇年代の俳優のような顔立ちの人だった。身のこなしも優雅で、異性にはモテるし、同性の年上からもかわいがられてきた。甘やかされる場面が多く、金銭管理は杜撰《ずさん》だった。母より一歳下だが、なかば母の尻に敷かれている印象があった。

昔は大阪の地位がいまよりも高かったので、九州を含めて西日本の人は、この街に出稼ぎに行くパターンが多かったと聞いたことがある。大阪は大都会ではあるのだが、東京よりも地元に距離が近いために、またそのように感じて同郷の人がよく出稼ぎに行っているために、心理的な安心感があったようだ。父親は中学校を出たあと、専門学校で電気関係の勉強をしたということだから、高校中退の母親とともに「高学歴」とは言えない。同じく九州の島嶼《とうしょ》部の出身者で、学歴が近く、父親が甘えん坊で、母親が面倒見が良かったことから惹きあったのだろう。父が一九歳、母が二〇歳のときにふたりは結婚した。母は父の整った顔立ちが、父は母の特別に大きな胸が好みだったのではないかと推測される。

私の二歳下に妹、六歳下に弟がいるため、ふたりとも子どもを持つことに関しては、同世代の多くの人々と同様に積極的だった。だが早くに結婚したものの、私が生まれたのは母が二七歳のときだった。母は何年も不妊治療をして、待望の子どもとして生まれてきたのが私だったのだ。一度流産したこともあったと聞いた。それだけに私に対する期待が大きすぎたので、私がいちばんひどく「しつけ」を受けることになった。

統一教会の事例を見ると、男女が両方とも信者で「祝福」、合同結婚式で結ばれて、子どもが「祝福2世」として生まれてくるというパターンが非常に多い。実際には男性信者にあまり信仰がない例も多いと聞くが、いずれにしても家族全員が信者ということが多い。それに対して、エホバの証人の場合は、家族全員が信者の場合は「神権家族」と呼ばれて、そうではない信者たちの憧れの的になる。エホバの証人は、あえてわかりやすく言えば「女性ウケの宗教」だ。全能の神エホバを崇拝していた古代イスラエルの社会を理想的なモデルにしているのだが、アメリカで始まった宗教なので、欧米趣味を優雅にまとっている。清楚《せいそ》な服装をして、上品に振るまいながら活動してい彼女の夫はそれに反対していたり、無関心で干渉しないように努めたり、という家庭が非常に多い。だから母親が子どもたちを引っぱりこんで、彼らを引きつれ、家から家へと布教して回るわけだが、ピアノやバレエとかを習わせたいような、戦後日本の中流女性が引っかかりやすい宗教だった。簡単に言えば子どもにるので、欧米的ないし西洋的な世界観に憧れる女性たちの心を捉えやすい。

## ◉母の入信と「ムチの記憶」

父は私が七、八歳の頃から家に帰ってこなくなって、よその愛人の家に入りびたっていた。その頃から母はものみの塔（エホバの証人を擁する宗教団体）に入信した。夫に見捨てられた心の空白、主婦に三人の子の養育が押しつけられた心労が関与していたことは想像にかたくない。何よりも、突如として別れることになった父親と楽園で将来再会できるという期待が、母を宗教に邁進させた。しかし母が信仰生活に入ったことで、夫婦仲は余計に破綻しただろう。

母がエホバの証人としての信仰に向かったのは、父親の母親、私の祖母、母にとっての姑《しゅうとめ》との葛藤も関係していると思う。私が生まれる前から六歳のときまで、実家にはその祖母が同居していた。祖母は日本の神道や民間信仰を信じる人で、モダンな家庭に育った母は、祖母の世界観が耐えられなかったはずだ。実際、同居を解消したずっとあとまで、私に祖母の悪口を言っていた。私は『ドラえもん』の野比のび太のような「おばあちゃん子」で、とても甘やかされたので、母としてはおもしろくなかったという思いもあるはずだ。だから母は私に説教するときに、神道では白蛇を崇拝していて、それはサタン崇拝だと主張した。キリスト教系の信仰を持つエホバの証人のあいだでは、蛇はエヴァを騙して人類を堕落させたサタンの化身だからなのだが、そのような教義を奉じることで、母は内心で姑に意趣返ししていたと考えられる。

私としては、物心ついた頃には母よりも祖母のことが好きだったから、小学二年生のときに大阪市のとある区から別の区に転居して、祖母との同居が解消され、いつも母に密着するようになったという生活の変化は、グリム童話で継母《ままはは》に引きわたされた主人公のような気持ちをもたらした。父はよその女の人と過ごしていて、私が甘える先は母しかいない。言うまでもなく、母にもさまざまに好ましい側面はあって、私が甘えることもたびたびあったのだが、その人が自分の継続的な迫害者でもあるということはまちがいなかった。

それはどういうことだろうか。エホバの証人の世界には、「ムチ世代」という言葉がある。この教団を信仰する家庭では、一九六〇年代から一九九〇年代ぐらいまで、非常に熱心に肉体的暴力が推奨されていた。具体的には子どもに臀部《でんぶ》を露出させてからガスホースとかベルトを使って目一杯に、何回か、あるいは何十回か殴りつづける。特に八〇年代がいちばん厳しかったと言われていて、私はその時代に子ども時代を過ごした。一九九三年に広島で、そういう折檻《せっかん》をやりすぎてエホバの証人が2世信者の子どもを殺してしまった事件が起こり、それから「ムチ」の風習は下火になったと聞いたことがあるが、年少のエホバの証人2世と話していて、「そこまですぐには廃れなかった、もっとあとまで続いていた」という声を聞いたこともある。あるいは、現在ですら「ムチ」が廃れていない家庭もあるのだろうか。

先ほども書いたように、私の母には発達障害の傾向があるので、そうなると過集中して限度を知らないところがある。そして、何がスイッチになるかわからない。母も自分に起こっていることがわからなかったかもしれない。急に激昂《げきこう》して、誰にも手がつけられなくなって、子どもたちを日常的に暴力で屈服させていた。

母がにわかに「正座しなさい」と命じる。すると私は台所の固い床で一時間、二時間と、子どもにとってはかなり長い時間、じっと動かずに正座することになる。私は壁の模様を見つめながら、いろんなことを空想した。その時間が終わると、正座のまま自分の何が悪かったかをしゃべらされ、自己批判を強要される。その内容を正座中に考えさせられるわけだが、こちらは日常的にそういうことをやられているから、座らされた瞬間から答えるべき内容はわかっているわけで、正座中はじつに馬鹿馬鹿しい時間だと感じていた。とにかく時間が早く経ってほしい、とジリジリして、時計を見ながら正座していた。自己批判をしたあとは、「処罰」が執行される。

非常に残虐なことに、暴力を加えたあとは、子どもに「ありがとうございます」と無理やり言わせて、愛情からやっているのだということを教えるために力強く抱きしめなさい、と母親たちは教団から吹きこまれていた。私にはそれが処罰よりも屈辱的だった。肉体的暴力に連続するかたちで、ありがとうと思えないのに、感謝を強要されるという精神的暴力が発生する。暴力を振るわれたあとに抱きしめられることで、母を憎んだり恨んだりしづらくなるというのが、むしろ苦しくてつらかった。家庭内暴力（DV）の構造そのものだ。数年のうちに私の心は着実に壊れていき、途中からは解離と呼ばれる精神現象が発生するようになった。私の体を別の私が抜けだして、斜め上の宙空から私に起こっていることを冷淡に見おろしていた。

この「ムチ」経験の実態は、エホバの証人2世のうちでもさまざまだ。宗教2世の問題は、カルト集団と信者親子の単線的関係で説明するべきではなく、親は教団との関係では被害者だが、子との関係では加害者という両面性があることを理解しなければならない。ほかのエホバの証人2世と話していると、「うちもそんなことあったけど、昔は体罰なんかどこの家にもあったよね」と発言する人もいるし、「まあ、ときどきおしりペンペンくらいはされましたけどね、ははっ」とケロッとしている人もいる。私の母の場合には怒り方が尋常ではなかったし、「ときには体罰」ではなく「原則として毎日のように暴力」という生活だったので、2世同士で「ムチの記憶」を共通しても、家庭ごとに2世の精神に対する破壊度はまったく異なっていたことがわかる。

## ◉地獄行きのタイムマシン

一度でも心が壊れてしまった場合、そんなに簡単に修復されることはない。私の場合、小学生時代に発生した解離は現在に至るまで、ずっと続いていて、私は現実と幻想のはざまで生きている。それで宗教を嫌っている私には、矛盾したことに、宗教的な印象の神秘体験は、日常生活の内部にいくらでも包摂されている。解離が私にそれらをもたらしているのだ。

宗教2世関係の報道がネット記事になったり、動画としてアップロードされたりすると、コメント機能で「基本的に本人の甘えの問題だと思う」などという辛辣な意見が書きこまれる。立派な年齢になって、教団を抜けることも自由にできるのに、なぜいつまでも子どもの頃のことを問題にし、公然と親への恨みを語るのか、と非難されるのだ。そのように非難する人々は、問題がとうに過去に属していると錯覚している。私にとっては、あるいは宗教2世の私たちにとっては、これは現在の問題なのだ。ジュディス・ハーマンというアメリカの精神科医は、長期にわたって虐待を受けた人には複雑性ＰＴＳＤと呼ばれる、心的外傷後ストレス障害がさらにこじれたものが発生すると、指摘している。強姦されたり、家族に目の前で自死されたりした人の心が、なかなか回復できないのと同様に、宗教2世の心はいまも壊れている。そしてフラッシュバック——私は「地獄行きのタイムマシン」と呼ぶ——によって、過去の地獄が現在の自分に起こっているかのように、日常生活で頻繁に感じさせられてしまうのだ。

何が母を怒らせてしまうかわからず、子どもだった私は途方に暮れた。集会に行けば、毎回のように母の機嫌を損ねることをやってしまう。母が周りの信者たちの前で恥をかかされたと感じた場合にも、帰宅後に「ムチ」の時間がある。集会ではじっと座って話を聞かなければいけないのだが、それがそもそも難しい。私のように注意欠如・多動症があると、特に子どもの頃には、長時間じっと座っていることは困難だ。自閉スペクトラム症には多くの場合、聴覚情報処理障害と呼ばれるものが付随し、耳から入ってきた情報を理解するのに手間取る。それで私は、なかなか集中できずに、それを紛らせるために、手元の本をめくって文字情報を頭に送りこんだ。教団が制作した専用の聖書や副読本のページをあちこち眺めては、知識を吸収する。そうして、その勉強の喜びから苦しい時間をやわらげようと努力していた。

マスメディアで何度か取りあげられたのだが、私が小学四年生のとき、「母の日」というものがあることを知って、妹と一緒にお小遣いを使って、カーネーションを買いに行き、母に贈った。小さな花束を買って帰ってきて「お母さんおめでとう、母の日おめでとう」と言ったら、母はどういうふうにも表現できない奇声を上げて、逃げまわって、落ちついたあとに私たちを厳しく叱った。世の中の一般的な祝い事が、エホバの証人のあいだでは禁じられているからで、そのときは子どもながらに愕然《がくぜん》としたことを思いだす。母が喜ぶと思って一所懸命に考えてやったことが、そんなふうな目に遭ったわけで、後年回顧するたびに、そのとき以上に苦しくなる思い出だ。エホバの証人は教団「ものみの塔」を「真《まこと》の神の組織」と呼び、非信者を「世の人」、世間を「事物の体制」、世間的な習慣を「サタンの罠」、他宗教を「偽りの宗教」などと呼んで忌避《きひ》しているが、私はカーネーションの出来事を思いだすたびに、「ものみの塔」が「真《まこと》の偽りの宗教」であり、「サタンの宗教」だという確信を強めている。

それからちょうど一〇年ほどが経って、大学生になっていた一九歳のとき、私は大阪から京都の大学に通っていた。七月になって、祇園祭の宵山に友人と出かけたのだが、ある場所で「ちまき」が売られているのが見えた。ちまきは、地方によっては炊き込みご飯の一種だったりするが、関西ではちまきというのは和菓子で、あんこの入っていない餅生地を笹でくるくる巻いた食べ物だ。五月の端午の節句前後にしか食べられないということ、笹の香りが好きだということで、私はこの好物を家族に買って帰ろうと思った。京都では祇園祭の際にちまきを食べるんだな、と私は誤解してしまったのだ。

実際には、そのちまきは、和菓子でも炊き込みご飯でもなく、神事のお供え物に使うものだった。帰宅してそのちまきを取りだすと、母はカーネーションの花束のときと同じような、発狂したかのような言動を繰りかえし、私はいま眼の前で起こっていることとフラッシュバックの共存で絶望を感じた。そして私はそのときに、「この人とは今後できるだけ同じ空気を吸いたくない」と強く思った。それまでにも私のなかで母は緩慢に死んできていたが、そのときにほぼ完全な死を迎えた。

## ◉青いジャケットの『生命』の本

小学生の頃に時間を戻すことを許していただけるだろうか。エホバの証人と言えば、母親が2世信者を連れて戸別訪問で布教する流儀がよく知られている。子どものかわいらしさや無垢《むく》な印象を利用しているため、私はこの流儀そのものを邪悪だと考えているが、私自身はこれを自分自身で経験したことはない。最大の理由は、母が洗礼（バプテスマ）をなかなか受けず、正式な信者にならなかったことにあるだろう。洗礼を受けたのは私が高校生になったあとだったから、母は入信してから（正確には「研究生になってから」と言われる）一〇年ほどのあいだ、自分が完全にエホバの証人になるための自信を固められなかったのだと推測される。

だが母がかりに、私が小学生のときに洗礼を受けていたとしても、私は戸別訪問に連れていかれなかったかもしれない。私には発達障害の特性がよく出ていて、周囲の人に挙動不審な印象を与えることは多く、多動や衝動がきつかったので、勧誘にまったく向いていない子どもだったと思う。服装の問題もある。母は私、妹、弟に小さい頃からぴちっとした正装をさせたがる人で、その点ではいかにもエホバの証人にハマる女性たちの典型という感じがする。しかし、自閉スペクトラム症には感覚過敏が伴うので、私はそういう体にぴったりした服というのが非常に苦痛だった。戸別訪問の布教には耐えがたい思いをしたにちがいない。そして、私自身は戸別訪問での勧誘を体験しなかったが、自分と同じ2世たちがそういうふうに利用されていることはよく知っていたので、子連れでの戸別訪問の風景は私にとっても「地獄行きのタイムマシン」のトリガーになっている。

発達障害児にありがちなことだが、学校ではいじめに遭うことが多かったので、そもそも学校にも行きたくなかった。ところが在宅している時間のほうが危険度はずっと高い。多くの発達障害児は不登校になるという逃げ道を選ぶが、私は家にいると、母のスイッチがまたどこで入るかわからないのだから、とりあえず学校に行かなければ身の安全が守れなかった。学校に行って、なるべく家に帰りたくないのだが、学校でじっと座っているのも嫌だし、休み時間にいじめられたりするのも嫌だしということで、学校をそっと抜け出してから街中を放浪していた。なるべく人に会わないところを歩きまわって、自分の好きな昆虫採集なんかをしたり、木にもたれかかって図書室で借りた本を読んだりして、ちょうどいいぐらいの時間に家に帰るようにした。

そのような「二重生活」を送っていたから、学校の勉強には支障が起きた。エホバの証人は世の中の物質主義を原則として否定しているので、一般家庭の子どもよりも何かを買ってもらったりして、物欲を満たしてもらったりすることが、少ない。大きなストレスをいつも抱えているのに、欲求も叶えられにくいから、私は三年生くらいから万引きに手を染め、それは中学一年生まで続いた。窃盗に嗜癖《しへき》するクレプトマニアの特性が芽生えていたわけで、かえすがえす私の子ども時代は無茶苦茶だったと感じる。

小学五年生になると、知恵がついて勉強がますます楽しくなった。学校の勉強も好きだが、エホバの証人の聖書や副読本を熱心に読むようになった。そうしていると、母も喜んで機嫌が良くなるので、それも動機づけになっていた。

そのうちに、『生命――どのようにして存在するようになったか、進化か、それとも創造か』という副読本に惹きつけられた。私は小学生の頃、昆虫、恐竜、植物、鉱石、星座、宇宙などに興味があって、いつか理科系の研究者になりたいと考えていた。それで生物学に関係する本に興味が湧いていて、しかもその副読本はジャケットが青色だったので、青がとても好きな私は余計に惹かれたのだった。インターネットが普及する前の時代なので、私は日常生活で疑問を覚えると、学校の図書室でまず調べ、満足を得られる成果がなければ、公立図書館で本や事典をめくって、真実を追求するようにしていた。日曜の集会に使われる「王国会館」の近隣地域に、運よく公立図書館が立地していたので、私は集会後にその図書館に行くのが楽しみだった。

その『生命』の本は小学生にはかなり難しかったのだが、知的好奇心に駆動されて図書館で類書と比較して調べていくと、ほかの本とは記述内容がおおいに異なっていることがわかった。疑問がふくらんできて、この本は、そしてエホバの証人の組織「ものみの塔」は怪しいのではないかということがはっきりした。さらにふだんから熱心に読むようになっていた聖書も、エホバの証人たちが使っているのは「新世界訳」というものだが、日本で一般的に使われている聖書は、私が生まれる少し前に出た「共同訳」や新たに刊行されていた「新共同訳」だということを知ったので、私は「この版の聖書を読むの、嫌だなあ、大丈夫なのかなあ」と悩むようになった。のちに私はプロの文学研究者として、同じ物語の版異同（版本ごとの同一性と相違性）の研究に励むことになったが、そういうものへの関心が、すでにその年頃で芽生えていたのだった。

## ◉母のエホバの証人的でない価値観

だんだんと高まっていた聖書の勉強への熱意が、急転回して、一気に下降を始めた。私は集会に行くことに抵抗しだして、五年生から六年生にかけて、母との軋轢《あつれき》は最大のレベルに高まった。暴力を振るわれる頻度は増し、何度も自殺を考えた。団地の五階に住んでいて、夜になるとベランダに締めだされる罰を受けることもあった。五階から一階を見下ろして、飛びおりたいと思ったことが何回もあったが、果たせなかった。四年生のときに、担任教師が星野富弘についてクラスで熱心に紹介して、画集を回していたのが理由だ。中学校の体育教師だった星野は、鉄棒の指導中に落下し、首から下がまったく動かなくなってしまい、口を使って筆で絵を描くようになったと知った。この人物のことが私の頭の片隅にいつもあったので、五階から飛びおりて即死できればいいのだが、生きのびて首から下が不随のまま何十年も生きることになったら、それはいまよりも苦しい状況に置かれると考え、私は自殺を試みることができなかった。

中学にあがる前に、母は突如として「これから聖書の勉強を続けるかどうかは、誠自身の判断に任せるから」と伝えてきた。数年後、『カラマーゾフの兄弟』や『罪と罰』で知られるロシアの作家フョードル・ドストエフスキーが、銃殺刑に処される直前に解放されたときに、奇跡が起きたように感じられた体験を語った文章を読んで、私にはドストエフスキーの気持ちがわかると思った。いまから考えると、一二歳の男の子なので体が大きくなっていて、母親の身長を抜きかけていたから、女親からすると無理やり制御することはもう無理だった、というのが決定的な理由だろう。ずっとあとになってから母は親戚に言っていたが、私が中学生になる頃には自分の頭のレベルがもう追いぬかれているとも感じたそうだ。

私は妹や弟よりずっと反抗的だった。発達障害があるからというのもあるだろうし、私の場合は七、八歳の頃から急に周辺環境がカルト宗教の世界に変わったので、強烈な異文化体験をして、それに馴染めないままになってしまった。二歳下の妹も五歳ぐらいでそうなったから、しんどかっただろうけれど、私ほどではなかったのではないか。六歳下の弟は、物心がつく前から家庭がそうなっていたから、ストレスは私より小さかったと思う、と私に直接そう言ったこともある。私は分裂のなかで引きさかれていた。加えて、私は不妊治療の末の待望の子どもだったから、もともと加減を知らない母は、徹底的に私を矯正し、自分の思いどおりにしようとしつづけた。それだけに私の反発も強固になってしまったのだ。

先ほど「ムチ」に関して、同じ教団の宗教2世といっても、親次第で境遇が変わると説明したが、勉学に関して言わば、私は恵まれていたことを書いておかねばならない。母は高校生活を中断された経験、弟を支援していた社会人時代への経験から、学歴に対する尊敬が強い人でもあった。夫は、つまり私の父は低学歴だったが、自分の子ども、特に男の子には必ず大学に行かせたいという強い思いがあった。これはエホバの証人としては非定型的だ。この教団の信者は、一般に高等教育を推奨されない。中卒や高卒で学歴を終えて、その後は布教に専心するのが望ましいとされているのだ。母親はそれとはかなり違った価値観を持っていて、エホバの証人の教義にその点では同調できなかった。

その母の「エホバの証人的ではない価値観」とは、ひとことで言えば「PTA的な価値観」ということになる。実際、私が中学三年生のとき、母は私が通っていた中学校でPTAの会長を務めるほどになっていて、卒業式に全校生徒の前で式辞を読んだ。そのPTA的な規範も、私たちに押しつけられていたから、それもかなり鬱陶しいとは感じていたのだが、全体として見れば、その点では母がエホバの証人の価値観に沿ってマインドコントロールをしなかったことに、感謝の思いが湧く。

エホバの証人2世たちと話していると、部活や習い事を禁止されて苦しんだという人も多いのだが、私の家庭ではそれらはむしろ推奨されていた。格闘技をやろうとしたら拒否されたかもしれないが、自分の心の声に素直になって選んだマンガ部の活動も、親友がいるということで入った（そして心から後悔した）サッカー部の活動も、禁止されることはなかった。発達障害児の私は、体育や算数がまったくできなかったので、母親は私にそろばんや水泳を習いに行かせて、私はそれらの訓練でも苦しみ、身につけられたものはほとんど何もなかったが、それらに熱心だったのも、母親の心のなかで、「エホバの証人的な価値観」を「PTA的な価値観」が凌《しの》いでいたからだと思う。そういう状況だから、バプテスマを受けて、正式な信者になる踏んぎりがなかなかつかなかったわけだ。

## ◉信仰から解放された日

私が中学生になってしばらくすると、父親が毎日ちゃんと家に帰るようになって、私たちの家族は新しいステージに入った。どのような駆け引きがあったのか、正確なことは知らない。だが父親は、今度は徐々にアルコールに溺れるようになった。バブル経済が終わり、父親の電気工事業の経営状況はどんどん悪化していった。母親は、アルコール依存症の治療で言う「イネイブラー」の働きをしていた。典型的な機能不全家族の家では、父親が酒に溺れて、母親がそれを甘やかして尻拭いをして回るというパターンが定着するが、うちの家庭はまさにそうだった。金銭管理のできない父を母親がパートで働いて支え、ぎりぎりの家計でうちは回っていた。

父親は友だちと飲んだり、どこかに怪しい遊びをしに行ったりするのを楽しんでいて、遅くまでなかなか帰ってこず、休日には朝から酒を飲んで何もしなかったため、結局のところ、私は二〇歳で家を出るまでのあいだ、母親のルールに即して生きることになった。間接的な形になり、存在感としてはずっと弱まったが、「ものみの塔」に支配されつづけたのだ。私ほど抵抗しなかった妹と弟は、かわいそうなことに私以上に長らく信仰から解放されなかった。私も知っている信者たちの話が、食事中などにしょっちゅう話題になった。私の言動はもはや公然と「エホバの証人のルールに則っていない」などと非難されることはなかったが、母親による私の管理の仕方は、結局はエホバの証人の価値観を背景としていた。

思春期の私は、ごく自然にエロティックなものに興味が湧いていた。母親は頻繁に私の机をあちこち漁って、怪しいものを隠しもっていないか探索し、暴きだすことに夢中だった。私がエロティックなポスターをこっそり持っていて、暴きだしたそれを私に突きつけながら、これは廃棄すると叫び、「サタンの罠」だと叫んだ母親の姿を私は忘れることができない。そのとき感じた「殺してやりたい」という思いは、現在に至るまでついに私のなかで完全には解消されていない。私の弟は現在大手IT企業に勤めるシステムエンジニアで、小学生の頃からコンピューターの扱いが得意だったのだが、弟が見ているウェブサイトも母はすべてチェックし、監視した。

それにしても、集会に行かないでも済むようになった日々は、ありがたかった。平日の夜二回と日曜の昼の集会が免除されたことで、オタクだった私はテレビアニメを堪能することができた。いまではアニメは深夜にやっていることが多いが、当時はむしろ夕方に多く放映されていた。それらをのんびりと鑑賞し、別の曜日に録画していたアニメも観る。私にとって、信仰から解放された日は人生最良の日と言いうるし、母たちが集会に出かけているときにアニメを観ながら感じた思いは、「もはや楽園は訪れた。エホバから解放されることで、楽園は来たのだ」ということだった。

父親による仕事と生活の管理のだらしなさは解消されることなく、私が二〇歳のときには、二〇〇〇万円ぐらいの借金を抱えて家計は立ちいかなくなった。その少し前の時期に、居間の机を見ると、父の字で「今後、エホバの証人の集会に参加します」と書かれた紙が置かれてあった。母に無理強いされ、何か大きな出来事をきっかけとして、そのような念書を書かされたわけだが、私は父の気持ちを思って心が暗くなり、母にこれは下劣な行為だと非難すると、当然ながら激昂を招いた。さすがに肉体的な暴力は振るわれなかったが、怒りくるって私を罵る母を見ながら、私は母のことを「これがサタンだ」と思って、深く軽蔑した。

### ◉隠しつづけた宗教体験

小学生のときから長い時間をかけて、私のなかで母は死滅していき、現在も生きているのに、変わらず死んだままになっている。数年前に、たもさんというマンガ家が『カルト宗教信じてました。

――『「エホバの証人2世」の私が25年間の信仰を捨てた理由』というエッセイマンガを出したが、そのなかで、彼女の母によって父が信者になると念書を書かされてしまう場面があった。それを読んで、あれは「エホバ家庭あるある」の出来事だったんだなと知ることができた。私は教団や信者に対する理解を深めつつ、さらに嫌悪をふくらませた。

私は二〇歳で家を出て、バイト代、奨学金、日本学術振興会から受領する資金で生活を送り、研究者をめざした。就職した頃には、父と母は生活保護を受けるようになっていて、その数年後に私から金銭の援助を受けたいと求めてきた。私は父が自分の兄弟、友人、知人、仕事仲間に対してやったのと同様に、今後は息子の私を利用しようとしているのだということに失望した。母は、そのような父の態度にかつて厳しかったのに、いまでは父と一緒に私にすがろうとしているのを見て、私はこの人たちに関わりあいたくはないと思った。私は若い頃から一貫して希死念慮に囚われていたので、この人たちとふたたび関わりながら生きるようになれば、私はどこかの段階で自分を殺害するほかなくなる。

私は、自分がエホバの証人2世だということを、友人たちに一度も話したことがない。大学院生の頃、ふとしたセリフから院生仲間に勘づかれて、声高に「なんやおまえ、エホバやったんか！」と叫ばれたときには、どうにかしてそいつを暗殺してやりたいと憎しみをたぎらせた。周囲の人間関係で、創価学会の2世の友人がいたり、浄土真宗の寺の跡取りや、大本の教祖一族の同僚がいたりしたことはあったが、また彼らが自分の信じる宗教のことを語りだした場面に遭遇したことも何度もあったが、私は適当に相槌《あいづち》を打ちながら、自分の宗教体験を隠しつづけた。それは私にとって、自分のアイデンティティを脅かすスティグマだったのだ。

小学生のとき、夜になって眠ろうとしながら、早く時間が経ってほしい、早く悪いことがすべて過ぎさってほしい、と願って、目をつむって寝ていた。つぎに目を覚ましたら、もうおとなになっていた、なんてことがあったら、どれだけ素晴らしいだろうか。しかしそんな奇跡は起こらなかった。エホバは存在しないのだから、そのようなことが起こるわけはない。私は「永遠の地獄」を生きていると感じた。エホバの証人の教義では地獄という存在は否定されているのだが、これは永遠の地獄だと私は思いながら日々を生きていた。人生の早い段階で、何度も「永遠」を感じたことは、私の人生観を特殊なものにしたと思う。

いま、母親は昔のことを水に流してほしいと思っている。だが母は信仰を捨てる気はいっさいない。どうすればいいのだろうか。水に流す？　しかし私にとって過去のことは現在のことだ。母親がいま、私との関係で永遠に続く責め苦のようなものを感じているのなら、私のかつての、そして現在の地獄体験と母親のその責め苦は深い絆で結ばれている。私が母親を許すことはないとしても、私たちはたしかに唯一無二の仕方で結ばれているのだ。

私がふだん書いている文章を知っている人は、本章で示した文章にかなり異質な性質を感じるだろう。自分を客観視しづらいという発達障害者の特性を色濃く持っている私は、そのことでまわりと衝突を起こすことが多かっただけに、自分を客観的に眺めるように人の何倍も努力してきて、自分のつらい体験をあえてユーモアやギャグを交えながら、突き話して語りなおすことを好んできた。しかし本章で書いた内容に関しては、私はどうしてもユーモアやギャグでやわらげることができなかった。それは自殺を考えていた子ども時代の私への冒瀆であり、私と類似した体験をした仲間たちへの冒瀆でもあり、いま苦しんでいる宗教2世の子どもたちへの冒瀆であると感じられて仕方なかったからだ。

私は本章の文章を書いて、自分自身の暗い情動に打ちのめされた。それも、何日にもわたって打ちのめされてしまったのだ。もしかしたら、共感しながら読んでくれた読者も打ちのめされてしまうのではないか、と不安になる。そうなった場合には、どうか自分自身のためにセルフケアをしっかりしていただきたい。

子どもたちにとって、あるいは成長したかつての子どもたちにとって、地獄への扉は開いたままになっている。だが、救いがどこにもないということではないはずだ。そう信じながら、私はこの本の編集に携わった。

第I部

# 談話　宗教2世が宗教2世を支援する

# 第一章

## 自分がこう感じているとか、ほんとうはこうしたいとか、これがやりたい、これが好きだとかを徹底的に否定されながら育つんです。

――統一教会を脱会して声をあげた、ぷるもさん

### ◉「祝福」を受けて結ばれた両親

私はいま四〇代で、教団施設で生まれ育ちました。父も母もまったくの偶然なんですけど、同じ県の出身なんです。それで一八歳頃に統一教会に入信してしまいました。母は大学に入学したのと同時に、高校の先輩に勧誘されて入会してしまって、父は大阪で就職したときに引っかかって、ふたりとも東京で献身生活（出家）を始めたようです。それでふたりは「祝福」を受けました。

祝福というのは、信者同士が合同結婚をする統一教会の仕組みのことで、「一八〇〇双」という

「双」で、両親は祝福を受けています。一八〇〇双の場合は、そのとき全世界で一八〇〇組が参加したという意味です。七回目の祝福式に参加したそうなので、日本人が参加した式としては上から三、四代ぐらいの古参の信者だったと思います。全世界から誰が来るのかわからないと言われていたので、同郷のふたりが結ばれたのは、非常に珍しいケースだと思いますね。

でもそのうち、教会は「霊界祝福」と言って、「何億双」などとやり始めました。実際に参加しているカップルに加えて、霊界で勝手に祝福した人たちが何億人もいるよとか、現世の信者が霊界の信者と祝福を受けることもできるよって言いだしたんです。ですから途中からは、そういう霊界の数が混ざっている状態だと思います。統一教会はキリスト教が母体ということになっていますが、韓国発祥で、儒教の影響も強いので、だいぶ独特です。

教祖の夫婦を「真《まこと》の御父母様」と呼んでいますが、統一教会のなかには絶対信仰、絶対愛、絶対服従というものがあって、父母に対してはいっさい逆らうな、お前たちに理解できない大きな意味を持って行動している人たちなんだから、その絶対服従で従っていれば答えは後でわかるんだ、と教えています。これも儒教的な家父長制を感じさせます。

一九七〇年代半ばくらいから、母が政治家の勧誘、内部では「VIP渉外」と呼ばれている政治家に対する勧誘活動の責任者になったために、私が生まれる前から、家（教会ではホームと言います）は、そのためのチームを育成組織するための住居兼事務所になっていたんです。ですから、私が生まれた頃にはもうその場所があって、共同生活がすでにスタートしていて、その後に私がその家に生まれました。

家は家族以外では、独身の若い女性たちが少ないときで五、六人から一〇人、多いときに最大三〇人くらいが同居して生活していました。私は初めから祝福を経て生まれてきた子どもということで、「祝福2世」と呼ばれています。これは原罪のない「神の子」と言われていますが、チヤホヤされる一方で、神の子にふさわしい行動をするようにと、生活が厳しく制限されています。特に異性関係の失敗が「アダム・エバ問題」と言われていて、祝福という教会の教義に基づく結婚を受ける前に、男女で恋愛関係になってしまうとか、性的な行為をしてしまうということは、取り返しがつかない罪であると言われています。1世信者の場合は、断食や「水行」、祝福前の「蕩減棒《とうげんぼう》」というような儀式があって、「アダム・エバ問題」を清算できるんですが、祝福2世の場合は、もう取り返しがつかない罪であると言われています。

統一教会の教義というのは、個人では完成しないところに特徴があります。信者個人の信心とか貢献だけでなく、親族や家族を勧誘して、血統を神の側に返すということが一つの使命になっています。これもキリスト教的よりは儒教的、あるいは東アジア的かもしれません。ですから自分の配偶者、親、一族を勧誘できないということは、霊界に行ってからその人たちにものすごく責められると言われていました。特に自分が祝福を受けて産んだ祝福2世が、その祝福をまた受けて三世、四世と血統を継続してくれないと、「堕落した」ということになるわけで、その時点で一族もろともが、地獄に引っぱっていかれるんだという教義だったので、親は子どもが統一教会の教えに反することをしないかどうかということに、ピリピリしています。子どものほうは子どものほうで、「あなたの行動次第で、私たちの何十年もの信仰生活が無駄になってしまう」とか、「あなたがなにか失敗してしまうと、お父さんやお母さんや大事な人たちが地獄に引っぱられていくんだ」と言われていました。ですから子どもは親を人質に取られているような感じがしていましたし、親は子どものためにという建前で、そういう強要をしてくるんだと思っていました。

## ◉抑圧された子ども時代

周りに信者がたくさんいる子ども時代だったので、非常に抑圧されて過ごしていました。先ほど言ったように、異性に関することで失敗を起こされると、もう取り返しがつかないという宗教なので、恋愛に関係する娯楽がすべて禁止されていたんです。マンガだとか小説だとか、雑誌、テレビとかラジオ、そういった子どもが好んで見るような娯楽というのはほとんど駄目で、私がそういうものを見ようとすると、間違いを犯したということになって、一緒に生活していた信者の女性たちから母に告げ口されて、そのたびに折檻《せっかん》を受けていました。

そうやって神の子だ、神の子と持ち上げられる一方で、教会が突然これをやらなければいけない、こういう使命があるからやらなきゃいけないという要請が来て、それを「摂理」と呼ぶんですが、そうなると親や一緒に生活していた大人たちが数週間も帰ってこなくなります。私の家は、VIP渉外をやっていたので、選挙の際にはウグイス嬢だったり、選挙運動員として人を出さなければならなかったりで、国政選挙のたびにみんなが全国にバーっと散ってしまって、ずっと帰ってこなくなる。子どもだけが家に残されて、食べ物がない、服を洗濯できないということが続いてしまったり、光熱費が払えないので電気が止まってしまうとか水が出なくなるということを経験していて、貧困とネグレクトで、つらい状態が続いていました。

父は比較的信仰心が薄くて家に寄りつかない人だったので、おもに母が私に激昂していて、母がキレているあいだは、父がスッと姿が見えなくなっちゃうんですね。それでもう母はつねにイライラピリピリしていて、何がスイッチになって怒り始めるのか、私にはなかなか予想がつかなかったんです。もうほんとうに些細なことで、間欠泉のようにドーンと怒りが噴き出すみたいになって、「産まなければよかった」とか、「祝福2世で神の子のはずなのに、お前は出来損ないだ」と暴言を吐かれて、「家を出て行け」と締めだされてしまったり、虫の居所が悪いと、母が手を伸ばしたところにあったもの、ピアノの楽譜であったりとか、ハンガーであったりとか、ベルトというときもありましたけど、そういうもので、折檻をするんです。それが非常に怖かった。母の明らかな地雷というものもあって、一緒に住んでいるお姉さんたちからの告げ口のときに、母の怒りがエスカレートしました。「ぷるもちゃんが学校から帰ってくるとき、男の子と一緒に歩いてましたよ」とか、時間通りに家に着かなかったとか、マンガを借りて帰ってきたというようなときに、懲らしめているのを彼女たちに見せつける必要があったらしく、そういうときに母の怒りは果てしなく続いて、荒れ狂っていました。

そんなひどい躾でも、あえて良かったことと言えば、習い事をたくさんやらされていたので、教養が身についたということでしょうか。祝福されて生まれてきた神の子である祝福2世は、芸術の才能、スポーツ、学業などに秀でた子が生まれると言われています。ですから学習塾もそうですし、ヴァイオリン、バレエ、ピアノ、リトミック、そういう習い事をぎっしり詰められていました。ただ教会への献金で家が貧乏だから親が月謝をなかなか払ってくれなかったり、私が習い事に馴染めないという問題があって、時間中は黙ってうつむいているだけの日も多くて、地獄のように感じていました。

とにかく母がひたすら怖いと感じながら生きていました。自分がこう感じているとか、ほんとうはこうしたいとか、これがやりたい、これが好きだとかを徹底的に否定されながら育つんです。隠れてやっていることがばれると逆上するし、それを周りが知ってしまうと、もうこの世の終わりみたいに嘆きはじめて、私が道を間違えないための条件祈祷《きとう》、リレー祈祷というのを二四時間寝ないでみんなが始めたりとか、断食したりしだすので、罪悪感を植えつけられました。私のせいなのかとか、私さえ我慢してればこの人たちはこんなことしないのにという思いが、すごく強かった。

宗教に対して従順でいれば、もしくは「食口《シック》」（信者の人たち）との生活に文句を言わなければ、母は比較的優しくしてくれました。だから親の機嫌を損ねたくないとか、愛されたいゆえに、自分の本心を殺しながら望まない信仰生活をしていくので、その本心と、親のために見せる姿のあいだで、自分がつねに真っ二つになるような感じもしていました。友だちの家に行って親を見ると、うちとぜんぜん違うとわかるんです。テレビを見ていても別に怒らないし、時間通りになにかをやらなかったからとキレはじめることもないし、教祖の写真がたくさん飾ってあったりすることもないし、ただ子どもがいてくれるだけで、お母さんはうれしいんだとか、いいんだというのがすごくうらやましくて、普通の家に生まれたかった、もしくは親の目が覚めてくれないかなということを、ずっと思ってました。

## ◉思春期の葛藤

友だちが増えて人の家庭と比較する機会が増えてくると、「うちおかしくないか」と疑問に感じることが多くなりました。「親って一週間とか二週間、帰ってこなくなるよね」と言うと、周りが「えぇ！」とびっくりしてしまって。そんなこと周りはないんだと、こっちもびっくりして。「日曜日、毎朝五時に起きなきゃいけないって、すごいつらい」と言うと、「何やってんのそれ？」と、みんながサアッと引いていくから、「ほかの家ではこれないんだ」とわかって。子どもの私が礼拝に行きたくないと言うと、起きるまで親が私を殴るというのは、ちょっとおかしいんだと気づくわけですよね。そうするとやっぱり普通の家の子がうらやましいと、めちゃくちゃ思っていましたね。だから私がよその家の子だったらみたいな、そういう新しい現実が来ないかなあって、親が急に目が覚めてくれて、「いままでごめんね」と言ってくれないかなっていう妄想、ずっとしていた気がします。

成長していくにつれて、自分の我が強くなってきました。私には発達障害もあるので、自分の「こだわり」もかなり強くて、親の言うとおりにできない場面というのが増えていきました。でも、そういう自分の意志や、自分の気持ちが尊重されたことはないし、自己選択権も生まれたときからなかったので、「なんだこの状態は」という疑問はつねにありました。小学生の頃は学校で統一教会は話題になっていなかったから、割と気軽に話題にしたこともあります。

小学校の高学年くらいからですけど、体は第二次性徴期を迎えて変わってきます。そうすると、母が子どもの体が女になっていくというのを受け入れられない時期が長くて、ブラジャーをなかなか買ってくれないとか、生理用ナプキンやショーツを買うことを拒んでみたりとか。ショックだったのは、母に胸が痛いし、揺れちゃうの嫌だし、服の上から目立っちゃうの嫌だからブラジャーを買ってくれないかと言ったときに、「子どものくせにいやらしい」と言われたんです。そういうのが思春期はすごく嫌でした。

中学校になって、統一教会が社会問題になりました。霊感商法がバンバン報道されて、かつてアイドルだった桜田淳子さんが信者として合同結婚式に出たりして。そうすると、学校で肩身が狭くなりました。母や一緒に暮らしてたお姉さんたちが、ダミーサークルみたいなものを作って、以前から私の友だちのお母さんを勧誘していたんです。編み物サークルするとか英会話教室やるとか言いだして、人を集めては、最初のほうは普通に授業をやっていくんですけど、二回目、三回目、四回目となると、統一教会のことをちょっとずつ混ぜていくわけです。それであそこの家やばいんじゃないと言われるという体験は、小さい頃からあったので、中学校のときに社会問題として報じられて、「やっぱりあの家アレだったね」と言われていました。

中学校に通って生活をしていても、両親が載ってしまったゴシップ誌のコピーが、学校にばら撒《ま》かれる事件が起きたりとか、自宅に元信者からの嫌がらせがあったりとか、そういうことが続きました。統一教会のことは死ぬほど嫌だけど、普通の社会に対しても不信感が強くて、学校に行ったら小学校のときの同級生から、「あの子の家、じつは統一教会なんだよ」とバラされてすごく疎遠になってしまったりとか、教師も当時はコンプライアンスが弱かったので、授業中に「おい、お前は俺に壺売りに来るなよ」みたいなからかいをするようになって、ものすごくいじめられていました。発達障害の特性もあって、指定の靴下や上履きがチクチクするとか、足が痛くなるので勝手に脱いでしまったりとか、制服をきちんと着られないということもあって、あんまり人とのコミュニケーションがうまくいかないことが増えていったと思うんです。それでも支援にはつながらずに孤独を深めていきました。だから中学生の頃は、もうずっと死にたい、死にたいと思っていました。

推薦入学が決まっていた高校にも、ファックスで嫌がらせの連絡とか記事のコピーがバアーっと流されて、入学を拒否されて、三次募集を受けつけていた高校になんとか合格しました。だから、こういう宗教をやっている家に生まれてしまったというだけで、なんで私がこんなに苦労しなければならないいんだという思いもありましたし、そうやって私がひどい目に遭っているのに、父も母も私にごめんなさいと言ってくれないんです。「自分たちがこんなに大変だ」とか、「こんなに教会が叩かれている」ということは言うんですけど、子どもに対して「私たちのせいで迷惑かけてごめんね」というセリフは一度もなかったですね。

## ◉子どもから見た霊感商法

父も母も霊感商法には関わっていました。父は統一教会系の関連会社に勤めていて、清涼飲料水のメッコールを売っていました。母のほうが信仰が苛烈でしたから、共同生活を続けていたときも、ＶＩＰ渉外とは別に「勝利」しなければいけない「万物復帰」という考え方があって、その万物復帰というのが霊感商法のことなんです。私が子どもだった頃は、人参茶を一ダース売ってこいとか、印鑑とか壺のときもありましたし、大型マッサージ機とか室内サウナみたいなものもあったんですけど。廊下に大きい紙があって、そこに人の名前がずらっと並べて書いてあって、「何とかさんは何月に勝利されました」などと書かれて、花が貼られたりとかするのを、覚えています。

物を売るときも嘘をついているわけです。ですから、良心的な人ほど、教会を辞めていくんです。私が覚えているなかで、すごいつらいなというのは、一緒に住んでいたお姉さんのうちの何人かが、別々の時期なんですけど、彼女たちは私の母を「お姉さん」と呼んでいて、「お姉さん、私できません」と泣きついていました。自分の親を騙すようなことをして、お金を持ってくるっていうこともほんとうにつらいし、そんなにたいした商品でもないのに、「お子さんの病気が治る」とか、「これを買うことによって先祖の因縁が解かれて、霊界にいる自分の亡くなった水子、病気で早くに亡くなった子どもや、旦那さんとかが喜ぶんだって、自分がほんとうに信じているわけじゃないから、もうこれ以上できない」と、泣きながら言う人もいたんです。

そういうときに母が言うのが、「でもそれはね、天の前では嘘ではないのよ」と。「最終的に神様のところにそのお金が行くことによって、そのサタン側にあったお金が、天の側に帰る。それは死んだあと、その人たちからあなたが感謝されることとなんだ」と。「でもそれって言い訳として正しいんだろうか」というのは、子どもながらに「うーん」と思い、悩みました。

## ◉再び礼拝に通い始める

高校は、そういう形で入学して嫌だなと思っていたんですけど、おおらかな校風で、気の合う友だちもできて、わりといい感じに高校生活が送れました。家から離れて電車で通うので、親との距離もできたから、初めてまともに学校生活を送れて、一気に教会と気持ちが離れたし、礼拝に行かなくなったんです。

好きな先生ができてしまって、電話でしょっちゅう連絡を取りあうこともあったので、親はそうとう焦ってたんじゃないかなと思います。それで私はある日、父親に「好きな人と結婚したい、祝福は嫌」と言ったんです。そのときに父から、「おまえなんかを好きになる人間がどこにいるんだ」とゲラゲラ笑われたんです。以前から自分に自信がなくなっていたし、親が言うぐらいなんだから私はほんとうに駄目なんだなって、ずっと悲しくて、もともと自己肯定感も育っていないところに、やっぱり私なんか消えたほうがいいんじゃないかって。

高校の卒業後は、大学浪人になってしまいました。「お願いします、浪人させてください」と親にお願いしてから、ますます頭があがらなくなってしまいました。そうすると、親の紹介でこの人と連絡を取りなさいと言ってきた教会のお姉さんがいたんです。私の先輩の祝福2世なわけですが、その人が孤独なときになにかと連絡をくれるようになって、修練会に行かないかって誘われて、うっかり行っちゃったんです。それは、祝福修練会という、祝福に向けた準備をする人たちが行く修練会で、そこで小学校のときに知り合った人たちとの再会があって、また教会に通うようになってしまいました。

小学生のときは、真面目に礼拝に通っていたんですが、その修練会で小学校時代の仲間たちと再会することになりました。そう仕組まれていたんですね。信仰が低い2世の子を、「今度、修練会が祝日にあるから関係がある人、知っている子はみんな来て」みたいに呼びかけるんです。それで行くと、「待っていたよ、待っていたよ、会いたかったよ」と感動の再会劇になる。そしたら、こっちは浪人が決まって落ちこんでいるし、高校の子たちも新しい生活が始まって連絡も取りづらくなっているから、「そんな私を待っていてくれるところがあったんだ」という気持ちになってしまって、つい二回三回と修練会に行き、礼拝に通うようになってしまいました。

修練会でやっていたのは、基本的には「原理講義」です。私が受けていた頃と、最近の二〇代の子たちの祝福修練会でだいぶ内容が違うみたいなんですけど、私たちのときは、座学が中心で、ずっと原理講義を受けながら、自分が原理講義を人にできるようにと指導を受けました。夜の集まりで、自己開示をしていって、過去の罪を告白することもしました。あとは祈祷をする条件を立てて、「原理講論を何ページ訓読します」とか、「何時間祈ります」みたいなことを宣誓しながら、宗教にどっぷりの日々を過ごしました。

統一教会では、イエス・キリストは霊的な勝利をされたけど、肉体的な勝利をしていないという教義です。イエスが果たせなかった使命を、二〇〇〇年後に再臨して果たす神の子が、メシアである文鮮明なんだと位置づけられています。そこから「摂理」が進んでくると、真のお母様という人が出てきて、「夫婦で完成しました」となって。そうなると、その夫婦が二人揃って神の代理という教義に変わりました。そうすると、祈りの方法とか、呼び方とかも、「天地人、真《まこと》のご父母様」に変わっていきました。そのように統一教会の基本的な考え方はどんどん変わっていきました。ですから原理講論は、どういう読み方もできるような書き方をしてあります。しかも日本語訳と韓国語バージョンが結構内容が違っていたりするので、原理講義はその時期の統一教会の方針に従って、解釈を加えながら話されています。

## ◉一回目の「祝福」を受ける

二回目か三回目の修練会に出たあと、帰ってみると写真館と着物の予約がされていました。もう断れなくて、マッチングのために写真を撮影されて健康診断を受けに行き、祝福一回目を受けることになりました。一八歳のときです。相手は日本人だったんですが、合同結婚式のあと、すぐにアメリカに行ってしまって、そのあとは韓国に移住しました。それで私は大学に通うようになっていましたが、卒業と同時に主体者（一回目に祝福を受けた相手とは入籍をしていなかったので、夫とは言っていませんでした）を追って韓国に行くことになりました。

韓国語は子どもの時からやらされていました。天国では公用語は韓国語なんだと言うんです。だから韓国語を習得せずに天国に行った人間は、これは現在では表現に問題がありますが、そのまま聞いた言い方であえて言うと、「オシでツンボになる」と言われていたんです。だからもう絶対に習得しなければいけないと。でも韓国に行くまでは、ほとんど読めなかったですから、ずっとやる気がなかったのを実感しました。

大学時代は、統一教会の下部組織のCARP（原理研究会）に入ったんです。祝福を受けたあと、教会の方針で、すべての祝福2世はCARPに行かなきゃいけないと言いだしたんです。CARPで修行をしろと。大学から一番近い学舎に入りました。それとはまた別にホームというものもあって、男女別に未婚の人たちが生活する拠点があって、その中で「万物復帰」をしました。万物復帰はファンダレイジングとも略称の「F」とも呼ばれていました。化学雑巾を売ったり、ハンカチを売ったり、靴下を売ったり、乾物も一回ありましたね。CARPの修練会に自分も参加して、入ってくれそうな人を、より入りやすくするために仲良くするという、いわゆるサクラをよくやっていました。

大学卒業と同時に就職し、経済的に自立して、カルト宗教から離れられればよかったんですが、大学時代にはもう完全に逆らえなくなっていました。日本にいた頃はバイトを隠れてやっていると、私の携帯電話の発着信履歴を親が取りよせることができるんですね。それを見ながら母が上から順番に電話をかけていって、男、女、男、女と書いていって、向こうが「もしもし」と出ると同時にガチャ切りをするのを何度もやっていたんです。そうするとそのバイト先の店長が出るとか、そういうこともあるじゃないですか。「誰だったのか、この男」と言われて、「いや、実はお金ほしくてバイトしてて」というと、「そんなものを許可した覚えはない」と言って、バイト先にワーッと乗り込んでいって、「うちの子になんてことさせているんだ、辞めさせる」とか、「もう連絡とってくんじゃねえ」みたいな感じで、親がこうバアッと激昂して、そういうことが何度もあると、社会的に白い目で見られるとか、職場に長くいられなくなるということとかが続くと、もう駄目なんだなってなっちゃうんですよ。それで私逃げちゃって、大学時代の半分ぐらいＣＡＲＰにいることになりました。そうなるとやっぱり統一教会どっぷりの生活になっていって、余計に社会の中に自分の居場所があるというふうに思えなかったんです。

韓国に渡ったのは、韓流ブームが来る直前の時代です。「なんで韓国なんか行くの」とよく訊かれました。でも、統一教会の信者だっていうことは、もう周りに言いたくなかったですから、韓流スターの追っかけやるんだって、答えていました。アリバイ作りのために、向こうで好みの芸能人を求めてドラマを見ていたら、ドンピシャの人がいたので、ファンクラブを作って組織して、その人としゃべりたいから韓国語をめちゃくちゃ勉強するという体制を作りました。

統一教会では夫を主体者、妻を相対者と言うのですが、主体者とは教会ではもう結婚している、しかし世間的には籍を入れていないという関係でした。また統一教会には聖別期間があります。親の時代には、三年くらいの聖別期間があったようです。性欲を抑制させるという意味が大きかったようです。お互いの「下半身の罪」がなくなったという状況にして、それで祝福2世を産む条件が備わるという教義です。でも聖別期間は、だんだん短縮されていきました。三年といっても、韓国の男の人たちは短気で、そんなに待てないですから、最終的には四〇日くらいになっていきました。それを過ぎてしまえば、もうやりたい放題だから、子どもがいっぱい生まれてしまう。聖別期間そのものも、まじめに守ってくれる人は、あまりいなかったと思います。

### ●破談から再祝福を受けるまで

主体者とは結局、八年弱も離れ離れでした。同様のトラブルを抱えた祝福は多いんです。彼の場合は父親が抑圧的な人だから、ほんとうは宗教なんてやりたくなくて祝福に至ったけれど、嫌でしょうがないとすごく悩んでいました。そうやって、ズルズルした関係を止められなくなって自然消滅する祝福もあれば、どちらかが失踪したり自殺したりという事件になってしまうという人もいましたし、ほんとうは別に恋人がいたんだということがわかってしまって、別れるというカップルもいました。私も主体者とはそんなに長く夫婦だったのに、一度の肉体交渉もなく別れました。

このまえ当時の書類が出てきて、二回目の祝福を受けるときの料金表が載っていました。それを見ると、一回目の祝福では、祝福2世は二〇万円、再祝福で、相手から断られたという人は受けることができて、一〇万円という料金になっていました。加えて実体マッチング、写真マッチングの値段がそれぞれ数万円と書いてあって。そういう書類からも再祝福が非常に多いことがわかります。

この料金にびっくりするかもしれませんが、祝福2世はほんとうに安いんです。両親が入信する前にすでに生まれていた人は「信仰2世」（または「ヤコブ」）と言うんです。山上徹也容疑者もその信仰2世で、それが宗教の統一教会のなかでは、非常に差別的な扱いを受けるんです。祝福2世とは別次元です。だから彼らは祝福にしても、初めは二〇万円、再祝福一〇万円とかじゃなくて、1世と同じ基準で一四〇万円払わなきゃいけないんです。相手に関しても、祝福2世は祝福2世同士でしか結婚できないので、だいたい年齢が同じぐらいの人が来るんです。でも1世祝福になると、二〇代の子に五〇代のおじさんが来ちゃったりとか、そういう非常に過酷な状態になってしまうわけです。

血統による差別というのは、統一教会は非常にきつかったなと思います。たとえば、メシアを産んだ韓国に対して、日本がひどいことをしたから、「エバ国」としてすべての財産を韓国に捧げなければいけないっていう考えも、やっぱり血統の優劣みたいなところもあるので、そういうものがつねにあったなと思います。

破談になったあと、一度日本に帰ってきたんですけど、韓国の「HJ天宙天寶修錬苑」という四〇日修練会に三回連続で参加して、一二〇日ほど滞在したんです。HJは「孝情《ヒョジョン》」のことです。私が実際に参加したときの名前は「天宙清平《チョンピョン》修練院」。清平の悪名が高くなってきたので、いまは名前を変えています。統一教会は組織名も「家庭連合」になったりと、すぐに名前を変えます。それで、その清平修練院で再祝福のマッチングを受けました。

清平では「先祖解怨《かいおん》」というのをやっていて、最初は七代まで、一四代までとやっていたんですけど、最後は二四〇代までやれというわけですね。それが自分の父方の母系父系、自分の母方の父系母系という四系統をずっと遡って、先祖のために献金していくんです。日本人、韓国人、アメリカ人、その他と、値段がぜんぜん違っていて、日本人は二四〇代を「勝利」するのに、だいたい一五〇〇万円くらいかかるという話です。韓国人はもちろん安いんです。ウォン換算になるんです。たとえば日本人は二〇〇〇万円、韓国人は二〇〇〇万ウォン。韓国人は日本人の十分の一の料金なわけです。祝福でも、日本の1世信者は一四〇万円でも、韓国の一世信者は一四万円ということ。いつもそんな仕組みです。

## ◉初めての結婚からDV保護、教会を脱会するまで

二七歳で今度は韓国人と結婚して、その人と初めて夫婦生活をしました。二八歳で息子が生まれて、この子が小学一年生のなかばまで夫と一緒にいました。でもこの時代を思いだそうとすると、

つらくて忘れようとしたことが多かったから、頭にパーッと靄《もや》がかかるんです。離婚が成立したのは三六歳のときですから、八年ほど夫婦でした。こんなに長かったっけと思ってしまいます。

夫は働いてくれないうえにゲーム依存になって、家で暴れる。妊娠中に勝手に仕事をやめてくる。それでまた暴れる。すごい状態でしたね。日本語が少しだけできました。最初のうちは私が通訳していて。仕事はＩＴ関係。でもスキル不足で、私も一応ＩＴ系のエンジニアをやっていたのですが、私より全然できないじゃんと思っていました。私は独学でずっとその方面を勉強していて、結婚前に専門学校や求職者支援訓練に通って、技術を磨きました。

関東の大学の附属病院にセックスレス外来というものがあって、ある日、夫からそこに一緒に通えと言われ、連れだって行くことになりました。三回、四回と通ううちに、お医者さんが異変に気づいてくれて、「つぎは奥さんひとりで来てください」と言われたんです。それで行ってみると、「私の目から見て、あなたはＤＶを受けていると思うんだけど、どう思いますか？」と訊かれて、「えっ、これって嫌だって思ってよかったんだ」と、初めて気づいたんです。いつも殴られる、蹴られるはそうだし、追いかけ回されて転ばされて、馬乗りになってレイプまがいでセックスさせられるということがほんとうに嫌でした。

でも親に相談しても姑とかに相談しても、「それは何らかの意味があることなんだ」と言うんです。「あなたの愛で彼を変えることが、神様と真の御父母様の願いなんだから、それをしなければならない」と、「与えられた試練に勝利してこそ祝福なんだ」と言われてしまって。それで、「夫の思いに応えられていないことが悪い」とか、「あなたが笑って明るい家庭を築けば彼が変わるのに」と言われると、私がいつもつらそうな顔をしているのが悪いのかって自分を責めて、夫は「おまえは頭がおかしい、おかしいからセックスできないんだ」とギャーギャー泣きながら暴れるわけですね。するとほんとうに私が悪いのかなと思うようになり、自分が受けていることが暴力で、これから逃れることができるとか、これを嫌だって思っていいんだっていう発想になるまでにものすごく時間がかかりました。

もらったDVの相談カードの相談窓口に電話をしてみたんですが、相談が殺到していて、一時間くらい何度もリダイヤルして、ようやくつながる状態でした。それで話を聞いてくれるんですが、具体的に自分の状況がどう解決するかということに一向に結びつかなかったです。私が住んでいる自治体に女性の相談員がいるからって紹介されて、電話をしてみたんですが、事情を話しても「旦那さんも寂しいのよ、あなたが支えてあげないと」と言われて、理解がなかったです。つぎに区役所に行ったんですけど、今度は「信教の自由があって役所は関われないんですよ」と及び腰になったかと思えば、日を改めると「統一教会はもう伝統宗教と言ってもいいんじゃないかな、危険性が低いから、役所が関わらなくてもいいと思うのよね」と言われて、一貫性のない対応でした。区役所のDV相談員は、非常勤の女性相談員がひとりだけで、毎月何百人ものケースを抱えてる状況だったので、人手不足で対応ができなかったわけです。その後、全国霊感商法対策弁護士連絡会に依頼することができて、役所に同行支援をしてもらって、ようやくDV保護を受けることが決まりました。

DVで離婚したいということと同時に、統一教会を脱会したいということも弁護士さんにお願いをしました。統一教会の日本本部と私の両親宛に内容証明を出してもらって、私と子どもの名前を統一教会の名簿から消すように、脱会を認めるように、今後は宗教的な干渉を一切しないようにと求めました。実際に脱会を完了しているのかということに関して、確認は取れていません。私のなかでは脱会できたということにしています。

夫は、なぜ自分が悪いのかと全然気づいてくれませんでした。勝手に妻が逃げていったという物語を生きていたんです。絶望的だったのは、直後、私の両親から大量のメールが届くようになったんです。「いま帰ってくるなら許してやる」「こんなことは神さまが望んだことじゃない」「おまえはどこまでサタンの側に行ってしまうのか」「サタンの弁護士に騙されている」といった文面が、毎日大量に来るんです。私は、こんな事態になっても親が「子どもに対して申し訳なかった」とか、「何もしてあげなくてごめんね」といったことは言ってもらえないんだなって、落胆しました。離婚調停では夫の付添人として父が来ました。それを代理人弁護士から聞いて、私と子どもに暴力を振るっていた人なのに、私が脱会した裏切り者で、彼が現役信者だから、お父さんはそっちを味方するんだという絶望がものすごかったです。

そのあとはシングルマザーとしてキッズアパレルの会社に入って正社員として働けたのですが、パワハラを受けて、休職した際に、初めて鬱病と発達障害の診断がおりました。それが三八歳です。離婚してから数年で、両親は相次いで病気になり、亡くなりました。遺言によって、お通夜、葬式、納骨、すべて統一教会方式でやらなければいけませんでした。統一教会にお願いしなければいけなかっただけでなく、納骨したから管理費を毎年払ったりとか、墓参りするときに統一教会に頼まないと敷地に入れないんです。そういうところで延々と統一教会との関係が続いてしまうというのは、非常に胸が苦しいです。

## ◉SNSで声をあげる：支援の充実への思い

ツイッターを使って、数年前から脱会経験などをつぶやくようになりました。すると脱会を希望する宗教2世からの相談が寄せられるようになって、無償で相談を受けていたんですが、助けてほしくて苦しんでいる人は、二四時間いつでも電話をかけてこようとしたりとか、メッセージで「なんで返事をくれないんですか」「見てくれているんですか」とひっきりなしに送ってきて。私が効果的な支援策を打てないと判断すると、自殺をほのめかして消えてしまった人もいます。それで自分の精神が耐えられなくなってしまって、アカウントを消して逃げてしまったことがありました。

でも、やはりなにかできないかなという思いがいつもあって、二〇一九年の一〇月に、保護司の風間暁さんが、No More Abuse Tokyo（2019年当時）という団体を立ちあげて、児童虐待防止のボランティア活動を始めると、私も参加させてもらって、フェイスブックやツイッターでのSNS広報にボランティアで関わりました。人の輪が広がって、今度は「こども庁への名称変更を求める関連団体専門家ネットワーク」という団体を作って、発起人のひとりとして参加して、二〇二一年から署名活動を開始するのと同時に、政治家たちに対して、こういうことが起きているんですと情報提供をしたり、体験談を話してくれと言われれば出かけたりとかをやるようになりました。銃撃事件後は匿名でよくマスコミの取材に応えていて、教団の解散命令を求める署名運動でも呼びかけ人に加わりました。

いま宗教2世に対する取材は、センセーショナルな体験談として扱われることが多いと思っています。正確な情報が伝わっているのかと不安が大きくて、どうやったら具体的に解決するのかということを、多くの人に考えてほしいと思ってます。緊急相談ダイヤルができているのですが、期限を切らないで継続してほしいですし、いままで統一教会問題について、専門的な相談に応えてきた民間の人たち、対策弁護士連絡会、被害者家族の会、宗教2世ホットラインなどと連携して、現場の希望に沿った支援が提供できるような体制をとってもらいたいと思ってます。これまで手弁当やボランティアで宗教2世の支援をやってくれていた専門職の方々に、きちんと報酬が支払える仕組みを作っていただけると最善だと思います。現場の善意に頼ってボランティアでやってもらうことは永続的な支援になりません。現場の専門職の待遇改善を、政府に考えてもらいたいのです。

子どもからは、元夫との関係は非常につらかったと聞いています。つねに父親が怒鳴り散らして暴れ回っていましたから。「自分が寝ている横で、性的なことをやっているというのは、わかっていた」と言われて動揺しました。私自身もすごく嫌だったんですが、「子どもは見てない、寝ているんだ、わかってない」と自分に言い聞かせながら、夫に無理矢理やられてしまっていて、諦めていたんですけれど、子どもがそういうものに直面させられるというのも性的な虐待にあたるので、子どもに対して良くないことをしてしまったと思って、いつも苦しくなります。

子どもは宗教3世に当たります。1世や2世は、今回の銃撃事件をきっかけとして、ある程度、オンラインの自助会であったり、相談できる仲間というのが、作りやすくなってきたと思うんです。でも親が宗教2世で、自分が3世でという子どもたちが、自分のバックボーンについて語れる場所は、まだどこにもありません。それがかわいそうで。いまは統一教会のニュースがテレビでよく取りあげてもらえています。それはありがたいですが、子どもは韓国人とのハーフなので、学校でからかわれています。「おまえ半分韓国人なんだよな」「もしかして統一教会と関係あるんじゃないのか」と。子どもはほんとうのことを人に言いたくないし、安心して相談できるところがどこにもな

い。それが申し訳なくて、なんらかの形で相談できるところを探さなければいけないと思っていま
す。

2世の仲間たち、特に子どもたちに対しては、自分のことを諦めないでほしいなと思うんです。
相談する相手が悪ければ、「ああ、またか」と失望してしまいますが、役所の窓口などは当たり外
れが非常に大きいので、諦めずに相談を続けてほしいと思います。

# 第二章

# 私の人生は、悔しさと怒りで突っ走ってきたようなもので。絶対成功してやろうと、それだけを思って生きてきました。

## ――オウム真理教を脱会して発信を始めた、まひろさん

### ◉入信のきっかけ

私はひとりっ子の育ちで、いま四〇代です。父と母は幼馴染《おさななじみ》で関東地方の出身です。両親は親族経営の自営業をやっていました。わりと裕福で、私はお嬢さん育ちでした。ですから、ほかの子よりも、あまり世間を知らないような、周りからちやほやされて育ったような幼少時代を送っております。自分の主張をすることもなく、母のうしろを付いて回るような子どもでした。テレビ番組は『ドラえもん』が大好きでした。あとは『ドラゴンボール』を毎週水曜日、楽しみに見ていました。

時代劇も好きでした。

オウムに入信したのは一九八八年の小学生のときです。私にオウムを紹介したのは母なんですけれども、その母を入信させたのが、母の従妹《いとこ》です。彼女は「オウム神仙の会」時代からの会員で、母を入会させたというのが、私とオウムのおおもとの出会いなんです。

母には兄がひとりいて、そちらは宗教には無関係です。でも、オウムに入っていた母の従妹が、私たちの親族を名前だけの会員として、どんどん入信させてしまったんです。オウムの用語で、黒入信と言います。オウムの修行をしていたのは私と母と、その母の従妹の家族だけです。

母の従妹の一家は、私が赤ちゃんの頃からずっと遊んでくれていて、母の従妹の旦那さんも、私が生まれる前から一緒にうちの家族写真に写っているような深い関係だったので、私は姉や兄のような存在だと思っていました。そんな大切な人たちをオウムに取られてしまったと感じて、私はすごく憤ってしまい、毎晩泣いていましたが、おとなたちには言えずに飲みこんでいました。そうして次第に、母の従妹を通じてどんどん教義を知って、母も私もその方向に進んでしまいました。大好きな母の従妹たちに会うには、オウムに行くしかないということで、私はそういうふうに気持ちを切りかえていきました。

母に関しては、母の従妹の勧誘ノルマに付き合ったというか、「神様がいるから」と言われたそうですが、当時のその口ぶりから本気で信じて入ったわけではないと思います。大切な従妹が誘ったから程度だったと。でも、母はせっかく入ったのだから、ヨガやアーサナなどの、オウムの最初の頃にやられていた運動や呼吸法を習いはじめました。カルチャースクール程度にしか思っていなかったんです。それを見ていた私が母の真似をして、「私もできるよ」とやって見せて、母にほめられたかった。始まりはその程度のものなんです。入るのも簡単で、母が、母の分と私の分の会費を払っただけです。

母の従妹は熱心な信者で在家成就をしました。オウムの信者には二種類あって、出家信者は、俗世を捨ててすべてをオウムに捧げる内弟子です。他方、在家信者は出家せず一般社会で生活しながら修行する信者です。その在家の状態で、長期または短期の修行に入り、教祖が認めたステージに達することを在家成就者と言います。そして、ホーリーネーム（麻原彰晃からもらうオウム組織内の名称）ももらっていました。そうして母の従妹たちの家族は出家をしました。それがちょうど、選挙が始まる前、オウムが国政選挙に出る前の時期、一九八九年くらいだったと思います。

私は母の従妹の家族を見習っていましたので、自分もオウム中心の生活になってしまいまして、小学校の後半ぐらいから、学業よりもオウムが優先されていって、中学になると勉強はほぼできないような状態でした。いろんなセミナーに出たり、説法会があったり、集中修行などがあって、それに参加するには長期で休みをとらなくてはいけなかったり、ノルマを達成していかなくてはいけなくて、長時間道場に詰めて、修行をしなくてはいけない状態でした。

## ◉死を覚悟するような厳しい修行

父はと言えば、ずっと見て見ぬふりでした。うちの家庭は壊れていて、父は浮気をしていましたし、自分の趣味を優先して、母と私から逃げていました。

オウムの道場に子どもは何人かいましたが、私はおとなたちと同じように修行をしており、短期修行の会で最年少でした。年の近い子たちと、趣味の話、アニメの話などは一切しませんでした。そういう話を持ちこむことはできないんです。話をすること自体、少なかったです。道場に行くと、たくさんの師《し》や、師補《しほ》と言われるサマナ（オウム真理教の出家修行者）がいますので、その人たちが私たちを監視しています。そして、なんらかのイニシエーションを受けるためには、ノルマの達成が必要でしたので、それらに集中していました。何人もの男性サマナに取り囲まれて「イニシエーションを受ける」と言うまで、その申込書を書くまで絶対逃がしてくれない状態でした。

イニシエーションで代表的なものとは、たとえばシャクティーパットです。これは尊師《グル》、麻原彰晃や幹部の上祐史浩さんのエネルギーを入れていただく、額《ひたい》に入れるという秘儀ですけれども、それを受けるためのノルマがありまして。教学システム何級まで合格とか、なんとかの修行何十時間、何百時間達成とか、そういうものがありまして、それをすべてクリアするために、私は学校のあとも土日も徹夜で全部費やすような生活でした。

私たちは関東地方に住んでいたので、青山の道場や、亀戸の道場や、杉並の道場に、そのとき行かなくてはいけない道場に通っていました。富士の総本部にも通っていましたし、上九《かみく》（山梨県の上九一色村）にも通っていました。富士の総本部は、ネズミがいっぱいいて、寝ているとネズミに顔を蹴られるような汚い場所です。上九は建物が骨組みで、壁がコンクリートで、屋根も鉄板が見えるような倉庫みたいなところに、チェンバーといってアルミのステンレスのような壁があって、個室がいくつもあるような、そして、畳ではなくてウレタンのような絨毯が敷き詰められているような倉庫です。

道場はなにしろ汚い。想像を絶する汚さです。嫌で嫌でたまりませんでした。なぜ逃げなかったのだろうかといまだから思いますが、当時はマインドコントロールを受けていて、上の世界に生まれ変わるには、穢《けが》れとかカルマを落とすことが優先されて、私がその上のステージに上がることによって、信仰していない父や家族も救われると教えられていて信じておりました。家族を人質に取られているような状況で、ひたすら努力をしました。

いちばん印象に残っているというか、いまでもトラウマなのが、年末年始などにおこなう集中修行があるんですけれども、その席で私は高熱を出したんです。最終的には水疱瘡《みずぼうそう》だとわかったんですけれども、誰も手当はしてくれず、飲まず食わずで寝ないような修行を、一〇日間ぶっ続けでやっておりまして、ほんとうに死ぬかなと、死を覚悟するような瞬間が何回もありました。

薬を使ったイニシエーション、覚醒剤のＬＳＤを使ったイニシエーションがあったんですけれども、そのときはそんな薬を使っているものだとは知らないで、それを何回も受けてしまいまして、幻覚を見たり、記憶がなくなったり、暴れまわったり、自分が誰かわからなくなったり、そういう状況に何回も陥りました。それがまだ薬物だと想像さえできない一〇代前半、そういう子どものときに経験しています。オウムの信者がよく着けていたヘッドギアをかぶって修行したこともあります。強制捜査までに行われていた当時の修行は、ほとんど私はやっております。

### ◉出家から強制捜査：嵐のような日々

オウムと言えば、空中浮揚というのがあるじゃないですか。よく写真が報道に出ていましたよね。やっぱりその、覚醒剤を使った修行をしたときに、そういう現象が起きたりとかはしました。幻覚を見たりとか、教わっていたことが私は見えてきたのでそれを信じてしまいました。集中修行のときに生きるか死ぬかとか、そういう状態になったときに光を見たりとかもあります。苦しいことを乗り越えたあとの達成感というんですか、すごくハイになったりとかそういう経験をしました。そういうのを体験したら、ますます脱会しにくくなります。教えがほんとうだと思いますから。

その頃の女の子がするような体験はほとんどしていません。小学生の頃はアイドルの光ＧＥＮＪＩが好きで、中学の頃はアニメの『幽☆遊☆白書』が好きでした。飛影というキャラが好きでした。

でも、最優先はオウムです。

中学が終わって高校にはなんとか進学できましたが、やはり学校以外はほぼオウムの修行でした。勉強はほとんどできていなかったので、テストはいつも赤点でした。一九九五年一月についに出家をしました。その前も何度か出家をしようとしたんですけれども、どうしても私が嫌で逃げていました。財産を寄付して、その代わりにすべての衣食住の面倒を見ていただけるということになりました。

それまでの母と私の関係は、母が私の修行のアシストをしているような感じでした。出家をしたら親子の縁は切る決まりでしたので、出家当日に別れました。配属先が全然別なので、強制的に別のところになってしまいますし、親子の縁を切るというのは素晴らしいことだとされていました。母から「もうここであなたのお母さんは終わり」と言われて、「さようなら」と言って去ってしまいました。

父は家に置いてきました。相変わらず見て見ぬふりです。父がまったく動いてくれずに、ほぼ同じ頃自営業の部門が廃止になり、父は退職しどこかへ行ってしまったんです。

出家した一月、富士の総本部に私は送られて、四月までそこにいました。最終的な配属先が決まっていたんですが、ちょうどオウムの身辺がザワザワしていた頃で、私が配属先に異動できなくなって、ずっと富士総本部に足止めされていたんです。母は違う支部に行きまして、そこで働いていました。

三月二〇日に地下鉄サリン事件が起きましたが、当時の私はこの事件を知らなかったんです。総本部にいて、テレビ番組を見ることがありませんでしたから。テレビを使うのは、教学用といって勉強用のビデオ再生だけで、そもそもテレビはアンテナに接続されておりませんので、放送を見ることはできませんでした。テレビだけでなく、新聞も見れませんし、ラジオも聴けないような環境でした。一歩も外に出ることは許されませんでしたので、情報源はありません。

強制捜査も経験しました。迷彩服を着て武装した警察隊が踏みこんできて、何度も何度も立ち会いました。大きな男たちがどかどかやってきて、私たちの私物をひっかきまわして確認して、床板まで剝がして、私は指紋も取られたり、写真も撮られたりしましたが、未成年であることをひた隠して黙って従ってました。未成年だとわかると児童相談所に連れて行かれるからということで、私は二〇歳以上だと言いはっていました。オウムが正しいと思っていましたから、当時は社会のそういう権力は敵だと思っておりました。

四月に教団で二番目に偉かった村井秀夫さんが刺殺されたときも、富士総本部にいました。マンジュシュリー（村井さんのホーリーネーム）が怪我をした、誰かに襲撃されて怪我をして、輸血が必要だから、輸血で同じ血液型の人をということで、手をあげさせられました。輸血をするのは、やっぱり修行したきれいな血液のほうがいいから、いまここで修行してる人たちに血液を協力してもらいたいと、上のほうから要請がありました。

そのあとに警察が捜索願の出ているかたや、子どもたちをまた連れて行くという情報が入って、私はその人たちを連れて、出家から戻っていた母の従妹の家に避難したんです。こういう展開で、私はオウムから出ることができました。五月ぐらいでした。

## ◉完全に脱会するまで

それで私は社会に戻りました。母の従妹が母に連絡を取ってくれ、私も保護者がいなければ、児童相談所に保護されてしまうから戻ってきてくれと母を説得しました。母も情報がない生活をしていたため、オウムの置かれている立場をわかっていなかったのです。

その後母とふたりで家に戻ったんですけれど、父は家からいなくなっており、帰った家はがらんともぬけの殻で。家には何回も事情聴取に警察が来ていたので、私たちがオウムに入信していたことが近所の人たちにばれてしまって、犯罪者を見るような目で見られて、私たちは追いたてられました。親族からも家を出ていけと追いだされるような形で、私たち、母と私はゼロから、マイナスからの生活をスタートしなくてはいけないような状況になってしまいました。その頃、母は父と離婚しました。

親族で唯一助けてくれたのは大叔母、つまり母の叔母です。その人がアパートを借りてくれて、そこに身を寄せたんです。私の私物は段ボール一個もなかったです。服もなければ何もなくて、文房具もなくて、ほんとうにゼロになってしまって、明日の食事もままならないような状態でした。母は働きに出たのですが、働き先にも警察が来てしまって、何度も仕事をクビになったりしてしまったので、生活がほんとうにできなくて、私は高校に通いなおすこともできませんでした。

それが一年ほど続いて、やっと周囲が少し助けてくれるようになってきて、私は違う高校に復学したんですけれども、精神がついていけなくて、一年で退学しました。そのときがいちばん苦しくて、もうしゃべることもできないぐらい追いつめられてしまって。もうこの世から消えてしまいたいと、自死も何度か頭をよぎりましたが、家に一年ほどひきこもって耐えました。そのあと、オウムの元信者のかたに助けてもらって、アルバイトを始めたんです。でもどうしても社会に馴染むことができず、私はオウムに戻ってしまったんです。

そのひきこもっていた時期に出家信者たちからも在家信者たちからもコンタクトがあったのが理由です。一九九九年のことでした。この年の第七の月にハルマゲドンが来ると麻原彰晃は信じていて、私も期待していました。もちろん何も起きませんでしたけれど、起きなくても教義を信じたままでした。カルトを信じて、妄信していた自分がいたんです。麻原は当時も私にとって絶対的な尊師でした。

テレビのニュースで、捕まったオウムの幹部たちを観ることもありましたが、つらくて観てられなくて、報道を信じませんでした。捕らわれたイエス・キリストのようなイメージです。小学生から成人するぐらいまでそういう人生で、私の心はずっとオウム一本でやってきました。

それでオウムにしばらく在籍していたんですけれども。二〇歳になって少しして完全に脱会することになりました。オウムがアレフに改称する前後です（のちに「アーレフ」を経て、現在は「Aleph」）。きっかけは、一九九九年に上祐さんが刑務所を出て、新しくできたアレフが分裂しはじめたんです。その分裂しているさまを見ていて、なんて醜いことをしているんだ、とがっかりしたことです。それに私を拉致しようという噂が出ていたんです。上祐さんのお嫁さん候補にすると、そういう噂が流れていまして。ほかにも拉致された人がいるらしいという噂があって、それがとにかく恐怖で。上祐さんとは、シャクティーパットを受けているぐらいで、お話をしたことはほとんどありません。詳細は私もわからないんですけれども、私をどこかに連れさると、そういう話が出ていたので、とても恐怖があって私は行くのをやめました。それまではけっこう活動していたんですね、アレフ前とアレフ後も少し活動をしていたんですけれども、それも全部投げだして去りました。

そういうふうなオウム2世が何人かいたと聞きます。出家したあとに友だちになった男の子は、麻原教祖の三女、アーチャリーのお婿さん候補でした。ほかにもいろいろ候補者がいました。つまりオウム事件で捕まって、のちに死刑囚になった人たち、刑務所に入ってらっしゃるかたの奥さん候補とかが、いろいろ選ばれていた時期です。私の知っている女の子も、刑務所に入っているかたの奥さんになって、獄中結婚されて、支援をしていました。私も成長して、働いたりして外の世界を見るようになったので、おかしいということが、そのぐらいから気づいて、逃げだしました。

## ◉アルバイトをしながら学びはじめる

以来、教団には関わっていません。その当時、脱会はしたけれども教義だけは信じようと思っていました。まだマインドコントロールから抜け出せていませんでした。

脱会後は何しろ学歴がなかったので、まずはアルバイトをして、学費を貯めるのに専念しました。いろんなアルバイトを掛け持ちして、学費を貯めて、三ヶ月猛勉強して、大検（大学入学資格検定、現在の高認、高等学校卒業程度認定試験）を受けました。それで通信制の短大に行って、昼間はずっと働いて、夜に勉強をしてというのを何年も何年もしましたし、学校に行かない時期は何しろフルタイムで働いて、必死にお金を稼いでいました。ですから、私が最終的に短大を卒業できたのは二〇代半ばのときでした。

短大では心理学、簿記、労働法などを学びました。当初は社会保険労務士を目指そうと思っていたんです。あとは、社会に出て、よく騙されたことがあります。小さな会社の社長さんが、あまり経理や人事の細かいことを知らなくて、雇用保険に入れてもらえていると思っていたら、ほんとうは入っていなかったとか、そういうことがあったので、騙されないようにするためには勉強するしかないと思って、労働関係のことを勉強しました。

恋愛に関しては、深い関係になるほどには、人を信頼できませんでした。もし好きになっても、オウムのことを打ちあけると、逃げられてしまうんです。なので、友だちにも何も言えなかったですし、異性にはなおさらです。ツイッターのアカウントを作ったのは今年（二〇二二年）の八月なんですけれども、それまで誰にも、元信者や家族以外にはオウムのことは話していないんです。

短大を卒業したあとは、夜学の専門学校に通いました。その短大の卒業証書をつかんで、伯父、つまり母の兄のところに行って、卒業したと伝えて、専門学校のお金を出してくれって直談判したんです。ここまで自分ひとりでやってきた、と言いました。学費を援助してくれと伯父に頼んだんです。そうしたら伯父は、「これを使いなさい」と言って私に資金を差しだしてくれました。それは母の母、つまり祖母の遺産を伯父が預っていてくれたお金でした。そのお金がなかったら、いまの私はもっと悲惨な経済状況だったと思います。

そのお金でデザインの専門学校に二年夜学で通ったんですが、昼間はやはりフルタイムでアルバイトをして、夜、学校に行って、課題をやって、寝て、アルバイトして、学校に行ってという生活を二年間して、ようやく就職をしました。デザイン関係の会社で、そこで働いて一六年になります。

## ◉トラウマをかかえて

アレフから分裂して上祐さんが新しく「ひかりの輪」を作ったという情報は、いっさい耳に入れなかったですし、私は仕事一本で生きてきました。会社の給料は良いのですが、労働時間に関してはわりとブラックだったので、遊んでいる暇もないくらい仕事漬けでした。大変な月は八〇時間ぐらいの残業がつくような職場でしたので、もう仕事だけ、そして仕事を覚えて、なんと言うのか、社会一般のレベルまでになろうという、人生を取りもどすために、ただただ必死に努力しました。

最初にオウムを抜けてから、ずっと母とふたり暮らしです。母はもう仕事を引退していますし、離婚もしています。年金も少ないので、私の扶養に入らないと生活ができないんです。離婚した父からは何も援助がありませんでした。

すべての原因になった母の従妹は、オウムの事件のあとにさっと教団を抜けて、べつの宗教にはまったり、マルチにはまったり、ねずみ講にはまったり、いろんな騒ぎを起こしてきました。最近では自分で宗教を何か作ったらしく、超能力やそういう世界があると信じているような、いつまでも中二病が抜けないような人です。

二〇代の私は働きづめで、気づけばある程度の貯金ができており、それを頭金にしてマンションを買いました。すると、いままで私たちのことを罵倒していた親族が、手のひらを返してきたんです。これまで一族の恥だと罵って、見ないふりをして、村八分にしてきた親族が、私がマンションを買ったとたん、「いいところにお勤めなのね」とすり寄ってきたので、私はかなり頭にきました。人間不信に拍車がかかりました。

そのあとも仕事一筋です。結婚は三〇代の頃にはすごく願望があったのですが、私がオウムだったことを告白できないというか、言わないでお付き合いしたり、結婚まで持っていくことは、やはりできないというか、私もその壁を作ってしまうというか、普通の人を装うために必死に生きているので、その壁を壊すことを考えると臆病になってしまうというか。そして実際に打ちあけても、さよならになってしまうことがあったので、勇気が出なくなって、そうですね、結婚から逃げてきました。

オウムというだけで、1世でも2世でも——2世という言葉が出てきたのは最近ですから——犯罪者扱いされるのが当たり前です。私たちは加害者の側であると、そういう自覚があったので、打ちあけるというのはほんとうに勇気が要ります。信頼して誰かに言って、なんと言われるかというのが、ほんとうに恐怖というか、最初の頃は、何人かに打ちあけていたんですけれども、それが、そのことによって友人関係やお付き合いが壊れてしまって、その恐怖がまたよみがえって、それもトラウマになっていて。どうしても私の周囲の人たちを、近い距離に入れることができなかったんです。

オウムのことを考えることもありますけれども、なるべく情報を見ないように見ないように、トラウマがよみがえってしまうので、その蓋を開けないように必死に、ずっと生きてきました。

トラウマは、時期によって何個かあるのですが、オウムの強制捜査前のトラウマは、やはり厳しい修行で、死にかけた修行があったり、覚醒剤を使ったイニシエーションなどで幻覚を見て体がボロボロになったとき、あの苦しさと、それを親がやれやれと言って止めなかったこと、それがまずトラウマのひとつです。社会に戻ってからは、いままで可愛がっててくれた近所の人や親戚から迫害されて痛めつけられてきた、誰も助けてくれなかった、そういうときのトラウマですね。もう少し年齢が上がると、やはりほとんど助けがない状況で、マイナスからのスタートだったのに、そのことを誰にも言えない、オウムでのことも言えない、そのマイナスからの努力も言えない。やっとたどり着いた学校を卒業したといっても、努力を認めてもらえない、その悔しさですね。最終的には親族に手のひらを返され、その苛立ちもトラウマになっています。

私の人生は、悔しさと怒りで突っ走ってきたようなもので。絶対成功してやろうと、それだけを思ってきました。そういうふうに周りを見ないで、目隠しをして走らないと生きていけないような状況だったんです。いまになって振りかえると、何をしてたんだろうと思う気持ちもありますけど、ほんとうに毎日毎日必死で、そういう人生でした。

## ◉帰依が解けても…

麻原への帰依が解けたのは、三〇代の初めの頃です。例の母の従妹が、新たな宗教を私たちに勧誘してきたのがきっかけでした。「まだオウムを信じてるの?」とあっけらかんと言われて。「あなたが私たちを入れて、ここまでにしたのに、なんてことを言うんだ」とほんとうに許せなくて。でも、その怒りで麻原のこともどうでもよくなりました。母の従妹には、もう一生会わないと決意しています。

オウムに帰依はしなくなりましたが、マインドコントロールが完全に解けたとは思いません。たとえば近々手術をするんですけれども、手術をするということは体を傷つけますので、体のエネルギーの流れが変わって、成就をする道、魂を傷つけると、そういうふうに習ってきました。ですので、「手術をどうですか」とお医者さんから勧められて、「はい」と言えませんでした。もちろん手術というのは大変なことなので、「考えさせてください」という思いもあったのですが、私が最初に頭に浮かんだのはオウムの教義なんです。

それが二年前です。抜けてからちょうど二〇年経ってもそうなんです。手術に対するその心境を克服するのに、それから二年かかりました。教義が条件反射のように私のなかに残っています。命に関わるようなこととか、病気とかそういうときに、やはりまだ出てきてしまう。悪いことをしているような、ほんとうにこれでいいのか、地獄に落ちるんじゃないだろうかと気分が悪くなります。

ほんとうに尊師の言っていた世界があるんじゃないかという思いと、いまも闘っています。知らないうちにオウムの歌を口ずさんでいたりとか、そういうことがいまだにあります。

二〇一八年に麻原たちに死刑が執行されたとき、通勤電車のなかにいて、速報のニュースをスマホで見ました。いつかこの日が来るのはわかっていました、しかし現実に直面すると涙が出そうになりました。顔を上げて車内を見回したのを覚えています。このなかで彼らの死を悲しんでいるかたはどのくらいいるのだろうと。世間はテロリストたちの死刑執行を喜んでいる。その後に思ったのは、彼らの死を悲しむ己を隠さなくていけないでした。その数秒間は、心のなかは嵐のようでした。それを一生懸命、電車のなかですから、取りつくろうのに必死で。私にとっては、井上嘉浩さんや新美智光さんは、よくしてくれたお兄さんなんです。なので、そのかたたちが死んでしまったことが、やはりつらくて。尊師にはそんなに会ったことはないから、実感も湧かなかったんです。信仰の対象でしたから。でも、ふだん会ったり話したり、いろいろ教えてくれるのはそちらの弟子のかたたちなので、私には近い存在でしたから、この一報はショックでした。道場に行けば、私のことを「まひろちゃーん」と言って遊んでくれたり、いろいろ教えてくれたりするようなかたたちでした。罪の重さより、ひとりひとりの個性が思いだされて。もう、あなたたちの今生はこれで償って、来世で幸せになってくださいと心のなかで手を合わせて、会社に向かいました。

## ◉オウム2世として発信を決意する

私の趣味は、小説を書くことです。文章にそのときの気持ちやら、エピソードをわからないように練りこんだりして、そういうことで気持ちを昇華させて生きてきました。オウムから抜けたあと、学校に通いながら有川浩とか小野不由美を読んでいて、小説がとても好きになりました。大きい本屋さんが近くにあったので、毎日のように本屋さんに行って、新しい小説を売っているのを見つけては、買って読んでいました。金銭的に厳しい生活でしたが、本が私にとって唯一の癒しで、贅沢でした。

二一世紀に入って初め頃は、ネットにホームページを作って作品を載せていました。当時はそういうのが流行っていました。そこで出会った友だちとはいまでも交流しているので、ホームページを自分で作って発信したことはとてもよかったと思っています。

三〇代半ばぐらいに、そういう友だちに誘われて、各地のイベントに参加したり、旅行をするのが唯一の趣味になっています。親友が心の支えですが、大切だからこそ、オウムだったことは絶対言えなくて、いまでも黙っています。

七月の安倍さんの銃撃事件がほんとうにショックで、容疑者のかたの生い立ちを聞いたときに、崩れおちるような気持ちがしたんです。しかも同年代。オウムが騒ぎになった二七年前に、もし国がカルトに対して動いてくれていたら、こんなことにはならなかったんじゃないだろうかと。何しろショックで、何か私もできることがないだろうかと思って作ったのが、自分をオウムの2世として発信するアカウントなんです。オウムの2世の人は探してもなかなか見つからなくて、私がやっぱり発信しないと、人が寄ってきてくれないというか、見つからないんじゃないかと思って、勇気を出して作ったんです。

長く使っているSNSですが、いままでオウムに関する情報を流したことはなく、文字を打つ手は震えるし、心臓がどきどき、緊張しながら発信しています。

## ◉子どもこそ、親を無償で愛している

今回のインタビューの話をもらう少し前に、大明寺の楠山住職と会って、そこの席で、これからアレフに出家をしようとしているかたがいらっしゃるらしいと聞いて、そのかたを止める活動をしようと思っているところです。今後は、反カルトなどの支援をしているかたたちの前で、私の体験を話すつもりでいます。あとは、できれば私はやはり文章を書くことが武器だと思っているので、自分の体験を文章に起こして発表したいと思ってはいます。それはまだ私のトラウマを乗り越えられないとできないことなんですけれども、書かなくては、書きのこさなくてはいけない。当時、オウムの1世として活動していたかたたちには、もう六〇代、七〇代、八〇代になっている人もいます。いま動かないと証言がもう出てこなくなると思っているので、ラストチャンスだと思って何か

活動したいと思っています。ただ、どうしたらいいのかまだわからない。手探りというか、何をしていいのかがわからない状態です。

いろんなエピソードが私のなかにはあって、そのひとつずつを文章に、ストーリーに、父に捨てられたところを入れてみたりとか、ひどく痛めつけられたときのことを文章に落としてみたり、自分のなかで整理をして、そのときどきの感覚を小説に落としたりとか、そういうことをしていたので、整理が少しできてきたんだと思います。自分の体験を話すのは、これが三回目です。一回目は、西田公昭先生にお話をして、そのあと大明寺の楠山住職にお話をして、きょうで三回目なんですけれども、少し自分の中で整理ができていた状態でのインタビューだったので、いろいろお話することができたと思います。

母について思うのは、新しい宗教やマルチ商法とかに引っかからないようにしてもらいたい。ただ、穏やかに生きてもらいたい。私はやはり家族が好きなんですよね。いくらオウムの修行を止めてもらえなかったとしても、父から捨てられたとしても、両親がやはり好きなので、私がこの活動をしていることによって、両親との関係を悪化させることはしたくないなとは思っているので、秘密のままこの活動をしています。

子どもの側こそ、親を無償で愛しているんだと、私は最近思うんです。親は子を捨てることができますけど、子どもはやはり親という存在を捨てきれないところがあります。だから母と、できるだけ仲良くできたらいいなと思っています。教団に対して思うことは、世間から非難を受けていますけれども、内部で生きている人も生身の人間であって、彼らも社会に戻ることができないような人たちだということを、社会の人に伝えたいと思っています。支援があって、ある程度柔らかく受けとめてもらえないと、彼らは戻ることができない。いつまでもオウムの後継団体は存在しつづけるはずです。戻っていくところを作って、支援が国単位であれば、教団はなくなっていくんじゃないかと私は思っています。

私が怒りを感じている教団は、オウム真理教であって、二〇〇〇年以降のアレフではないような気がしますので、アレフはたんに哀れだなと思います。とはいえ昔からいる幹部たちには、怒りを覚えます。ひかりの輪の上祐さんに、私はツイッターからDM（ダイレクトメッセージ）を送ったんですけれども、返答がありませんでした。宗教2世の問題について、上祐さんは知名度があるので動いていただけないかと。私の経歴も上祐さんのシャクティーパットを受けたということもすべて書いて、お送りしたんですけれども、お返事をいただけませんでした（最近ようやく返信がありました）。

昨今の宗教2世問題については、二七年前から同じことが繰りひろげられていて、同じような年代の人も、それより下のかたも、苦しみが同じだと感じています。宗教団体、カルト団体は違うけれども、同じ苦しみを味わっているよ、痛みがわかるよ、とお伝えしたいです。

第三章

# 親も被害者であり、子どもも被害者であると思います。

——天理教教会の五代目、ヨシさん

## ◉五代目の後継者として生まれて

私は現在、三〇代で、天理教教会の五代目の後継者として生まれました。現在も天理教を信仰しています。天理教は、始まって一八〇年ぐらいです。ですから5世と言ったら、かなり代々やっているほうです。といっても、すごく珍しいわけではありません。3世とか、4世とかは多いです。逆に1世や2世は珍しいですね。天理教の教会は、お寺やキリスト教の教会と同じように看板を立てて入り口もあって、お祈りできるスペースもあります。

父親は同じ教会に4世として生まれて、3世の私の祖父から教会のことを仕込まれて、後継者として育ちました。信仰に関する葛藤を感じていた時期もあったようですが、紆余曲折を経て、いまは教会長として活躍しています。母親も天理教の教会出身者で、教会関係のイベントで父と知り合い、結婚に至ったようです。天理教では合同結婚式のようなものはないので、いわゆる普通の恋愛結婚です。

私が生まれ育った教会は関西の田舎にあります。幼少期は、みんな自分と同じように天理教の教会の家庭で育っているものだと思って暮らしていました。幼稚園でも保育園でも、信仰に関する特別不快なエピソードはありません。

教会での生活ですが、ルーティンに関しては、朝晩にお祈りをしています。朝の六時ぐらいにお供え物を供えてから、一五分程のお祈りをして、一日の始まりを感謝申し上げるわけです。天理教専用の教典も読みますし、踊りも踊ります。楽器も鳴らします。太鼓も叩くし拍子木も叩くし、わりと賑やかしい宗教なんです。お昼の一三時ぐらいには、お祈りをする場所（神殿）や神棚の掃除をする。夜は一八時頃に今度は一日の終わりを無事に迎えられたことをお礼申し上げます。これが基本的な日課です。

日の出の時間よりも、日の入りのほうがじつは子どもにとってしんどいですね。ちょうど子どもにとって楽しいテレビ番組をやっている時間で、それを削られるというか、その時間に合わせるかのようにお祈りがあるんで、幼少期はそれが一番苦痛でした。『コナン』『ONE PIECE』『世界まる見え』等です。そのあたりがちょうど見られないのが嫌で嫌で。大体の信者、教会家庭の子どもには悩みの種になります。それで親と大喧嘩して。でも、大体の信者にとってはそういうのも良い思い出になります。

### ◉人類が生まれた場所

奈良県の天理市に天理教の聖地である本部があります。宗教のイベントは、いろいろありました。日帰りのものもあれば、子ども向けのものもあれば、おとな向けのものもあります。コロナ前であれば「夏のこどもおぢばがえり」という毎年一回、夏休みに大きいお祭りがあって、一〇日くらい開催されています。それぞれの地域の教会ごとに調整して、そのうち二泊三日とかのスケジュールで参加するという形です。私が小学生のときは、うちは教会なんで、自分が「イベント行くけどどう？」と聞いたら、当時の同級生は「行く行く！」と言って、クラスのほとんどのみんなで一緒に出かけました。わりと楽しい思い出があります。

天理教では、本部の中のある一か所が〝人類が生まれた場所〟という設定になっています。天理教ではそこを「おぢば」と呼んでいます。そこに人間が帰ってくるというのは教義上、非常に大きい意味があるんです。「夏のこどもおぢばがえり」ではおもに子どもが天理に帰ってきて「おぢば」

を参拝することを重要視しています。子どもたちが人間が生まれたもとの場所に帰ってきて、「ただいま」と言うのが大事。いわゆる参拝というやつです。子どもたちにとってみたら、それ以外にもパレードとかプール、お化け屋敷であったり、子どもたちが楽しめるイベントが開催されていますから、それを楽しんで、そのあとは静かにお祈りして帰っていくわけです。

奈良県から〝人類が生まれた〟という設定に関しては、幼少期はまったく疑問に思いませんでしたし、それほど興味もなかったです。でも賢くなってくると、人類が生まれた歴史とかそういうのを学ぶうえで、やっぱり普通の考え方とは違うということがわかってきたので、そこから違和感というのはずっと抱えて通っていました。中学校ぐらいからです。しかし、ほかの宗教にはたまにあるようですが、天理教では学校教育でなにかを禁止等することがないので、とくにそれで苦痛を感じるところまではいかなかったです。

高校は、天理教関係の学校に進学をしまして、そこでも信仰心はあんまりなかったんですけど、宗教活動そのものは、まあまあ積極的に参加して、大学も同じような天理教関係の大学に進学しました。

天理教自体が何かを規制したりすることはほとんどなくて、お酒もタバコも別にOKですし、学校で勧められた通りにできるので、不具合があったりとかはないです。家にはクリスマスにサンタさんも来ていて、そうした意味では、ゆるい感じです。お寺も参りますし、墓参りもお盆もします。

宗教の掛け持ちなんかも許していて、仏壇の横に天理教の祭壇がある家もあります。天理教は禁止事項の少ない宗教だと思います。

大学のあとは、天理教の本部の勤務を一〇年ほど勤めまして、そのあいだに天理教の信者のかたと結婚しました。出会ったのは学生のときの天理教のイベントで、彼女は既に信仰を持っていました。恋愛に至って、仲良くなって、五年ほど付き合って、結婚という形ですね。それがちょうど二五歳。

## ●信仰と不信仰の狭間で揺れ動く

二五歳ぐらいまでは、信仰というものを持っていませんでした。神さまなんて存在するはずがないと思っていましたし、天理教自体も、ガセ宗教というか、他のオウムのようなカルト宗教みたいなもんだろうと、すごい嫌悪感を持っていました。自分の両親は信仰熱心だったので、ガミガミ言ってくるわけです。「お前もいまは信仰のことはわからんけど、年月がたってきたら、そういうのがわかってくるから」と私に説明するわけです。両親もやっぱりそういう葛藤のなかで信仰に目覚めたという経験があるから、なおさらそういうふうに私に言うわけです。

中学、高校生の頃に私が信仰に対してどのような考えを持っていたかというと、当時は信仰をつかんでいなかったので、信じられないことへの焦りや、信仰している人への不信感と尊敬というようなものを両方感じていました。両親や熱心に信仰しているかたに「信仰というのは若いときにはなかなか理解することが難しいもの。信仰できるようになるには色々経験してからだ」とそう言われていたので、信仰を自分で感じるということは、なかなか難しいもので時間のかかるものなんだろうと納得し、私もいつかはそういった信仰をつかみたいと思う半面、同じように信仰心のない友人と信仰のある人のことを馬鹿にしたりと複雑な心境で過ごしていたと思います。そうかと思えば、周りには理解はできないが信仰している人が多数いる状況だったので、私で五代目なので、それだけ長く続いているというのは、世間の企業とかでもなかなかないわけで、何かしらあるんだろうと、そういう漠然とした自分の経験不足から来る、認識の違いがあるのかな?と考えていました。また天理教は、他宗教とくらべるとゆるく、無宗教のかたに比べたらそういった信仰に対する負担はありますが、他の禁止事項の多い宗教と比べると割と負担が少なかったことも、棚上げできる理由の一つだったと思います。

しかし、やっぱり天理教の教えは間違っているはずだと思って教理を勉強しだしました。教理を勉強していくなかで、非常に優秀な教義であることに気が付きました。かなり融通が利いて、応用が利く。そこから自分なりにこの宗教は、なかなか悪くないなと思いました。

一番いいなと思うのは、教祖が女性で「中山みき」というかたなんですけど、彼女が五〇年ぐらい神様をやって、いまの天理教ができたんですが、その教祖が、ほかの神さんの前を通るときは、拝《はい》をして通りなさいって言ったという逸話が残っているんです。ほかの宗教のお寺や教会に行ったときには、それを尊重しなさいと捉えられるんです。ほかの宗教との融和性というのが、逸話として残っているというのは非常にやりやすいなと思ったのがひとつ。

あともうひとつは、教義上、政府から弾圧を受けたことがあります。天皇万歳の時代に、まあ言ったら、「このばあさんが神さんや」みたいな教えのわけですから、当然弾圧も来るわけです。そのときにこれも神様の言葉で「いかんと言えば、はいと言え」というのがあります。これは何かというと、わけわからんこと言ってくることもあるけど、政府から言われたら、とりあえずはそれに従って「はい」と言ってもいいよというのが、神様の指示として、残っているんです。政府や人間側の要望とか、そういう指示を受け入れられる教義が、内部に存在している。そして実際に当時の政府側がこうしなさいと言ったことに従うことを神様が許された歴史的事実があるというのは結構大きいかなと思っています。

## ◉天理教の教義と世界観

天理教を論破しようと勉強するなかで、ほかの宗教のことも勉強しました。天理教だけを知っても、他の宗教との比較がないと、何がどういう尺度でどうなっているのかとか、そういうことが結局わからないことに気づいたんです。天理教を調べるうえでも、仏教であるとか、キリスト教であるとか他の宗教もいろいろ調べていったという感じです。結局、どの宗教も教義は素晴らしいなと感じました。もちろん私も全部の宗教を把握しているわけではありませんが、メジャーどころはやっぱり、原点を振り返れば仏教もキリスト教も非常に面白いし魅力的だなと思っています。つまり天理教も同じような感じで、魅力的なものであって、自分はそこの出身だからそこに収まって問題ないという形で落ちついたわけです。

人類の発祥が奈良からというトンデモ教理も受けいれられるようになった根拠については、現状の科学も、まだまだ解明していないことがあるという意味では、信じるかどうかに結局行きつくわけじゃないですか。現在の科学も一〇〇年先の人類から見れば、滑稽で信ぴょう性に欠ける内容に成り下がっていることもあると思います。だからいまの科学を信じるか、信じないかと言ったら、ほとんどの人が信じないと思うんですよね。一〇〇年後の人類もそのときの最新の科学を信じると思うんで、それに比べたら、どうせ一〇〇年後の人が信じないようなそういう科学と、天理教とかほかの宗教が言っている天地創造であるとか、そういうのはどっちも目くそ鼻くそだなという感じですね。宗教的思想または科学的根拠どちらかをないがしろ、もしくは重要視するかたが多いので、フラットな視点で見ることが重要だと思います。

もう一点、そういった天地創造系を受けいれられた理由ですが、科学とかだと、完璧に言いきるんです。「これはこうです、ああです、こうです」と言い切るので、新しい事実が来ると、完全にそれは間違っていましたというのが証明されてしまうんです。ただ、宗教の場合はずるいというか、たとえばキリスト教でもそれは比喩ですとか、それはメタファーですとか、うまいこと言い逃れができるというか。なので、将来的に見たときに、科学に比べて整合性を取りやすいというふうに考えています。宗教には独特な柔軟さがあって、それが嫌いな人もいれば好きな人もいるという感覚です。

天理教の教義では、人類はみな兄弟という設定で、「人を助けたら、自分が助かる」という教義なんですね。それを神様が見て喜ぶという世界観なんです。なので基本的な生き方としては、人のために何かしていたらOKという形なんです。ですから恋愛するにしても、何をするにしても、何か引っかかりを感じたことはないです。加えて私自身が出会って恋愛したのは、天理教教会内のかたでしたから。ほかの宗教の出身だったら、そこで何かしら、いざこざが起こってきたかもしれないんですけど、私の経験上そういうことは幸いなかったです。

二五歳ぐらいまでは確かに悶々《もんもん》としていた時期はありましたし、親に不信感を感じたこともありますが、自分の進路について親に相談したのは自分自身ですし、その意向を重要視したのも自分自身ですから、まして、そこまで強制力のない宗教なので、私の中では納得しており、親には本当に感謝しています。やっぱり教理を勉強していくなかで、これは自分の人生の中で活用していくべきだ、という判断になりました。

## ◉組織から離れて思うこと

2世問題は確かに他宗教に比べていたら、天理教ではそんなに問題にはならないかもしれないですが、信仰を広めていくという観点から、この2世問題の解決へ積極的に参加することは非常に重要だと感じています。

天理教の2世というか、実際には4世や5世だと思うのですが、七割くらいは子どもの頃に葛藤があっても、最終的に納得して信者のままでいます。二割ぐらいが「2世問題」を抱えて、つまり棄教する道を歩んで、一割ぐらいが「バリ天」、つまり熱心な活動家になります。私の立ち位置は、もともとはめちゃくちゃ嫌いなほうに分類されます。そこから、めちゃくちゃ好きになったというタイプなので、ややこしい。

でも親との葛藤はありました。私はずっと世間で働きたいと言っていたんですけど、父親はそれを許さなかったんです。教会を継いでほしいという父親の思いがあって、それに振り回されたという気持ちはあります。しかし、父親に相談したのは誰かって自分自身ですから。また、天理教の教理のなかでやっぱり「親があって子どもがある。親は大切にしなければならない」というのがあるので、あの父親を許せる、許すことができる。教理のおかげです。その教理を私が知れるのは結局は親が信仰していたからですから。父親を許す根拠が信仰心のうちに収まっているので、親には感謝できます。父親は父親で素晴らしい信仰者なので、彼は彼なりに自分の信じた道を行けばいいんじゃないかなと思っています。

私は後継者ですが、一〇年程はずっと信者さんからのお供えで生活していましたが、いまは一般サラリーマンです。なぜ天理教内での仕事を辞めて一般社会で働いているかというと、天理教の組織のなかで天理教後継者として生活することに違和感をおぼえたからです。どういうことかというと、天理教内での仕事に専念するということは、信者さんのお供えで生活をすることになるんです。お布施やお供えをいただいて、生活することになります。その中で、自分の好きな信仰をするというのはちょっと違うんじゃないかという違和感が私の中にありました。だったら自分で働いて、自立して自分なりの距離感でやっていきたいという思いがあったのです。なので、いまは教会からの金銭的な援助とか支援とか、そういう関係性は断って、自分自身で自立した生活し、天理教の組織とは距離をある程度とるようになりました。

父は還暦を迎えました。天理教はやっぱり世襲制というのが根強いんです。やはり人間はそういう世襲であるとか、血のつながりを非常に大事にする、また父も私に継いでほしいという思いが、教理とは別に、情の部分なのか、それとも一緒くたになってしまっているのか、そのへんは不明ですが、父としては、私に継いでほしいと言っている。そのへんは歩み寄りですね。私も父のことはわりと好きなので、何かほんとうに、万が一のときには、私が教会入りするかもしれません。そのへんは余裕をもって含みを持って、棚上げしています。

## ◉宗教２世の構造的な問題

いま四歳になる息子がいます。自分が五代目になって、息子を六代目にしたくないかと訊かれるのですが、私自身が幼少期に父親からのすごく熱い思いを受けて育って、ありがたかった反面、そういうので人生の選択肢が狭まるのは自分の息子にはしたくないと思っているんです。信仰というのは適性もあると思うんです。別にまったく宗教的に不感症みたいな人もいる一方で、ビンビンに神さんを感じる人もいるわけで、それは息子に適性があれば、やってほしいですし、ないならないでそこは、本人と相談して進めていけたらなと思っています。

信者家庭に生まれた人たちというのは、一般家庭で育った人たちよりも親や組織から過剰に期待されたりすることは、往々にしてあると思います。そういうかたたちでもやっぱり結局は、私は適性によると思っていて、本当にビンビンに感じる人もいれば、感じない人もいる。問題は、特に感じない人たちですよね。彼らは彼らなりに求めようとするんです、私もそうだったんですけど。たとえばこういう話を聞いて、ああでもないこうでもないと言っても、もともとそういう感覚がないので、いくら聞いても、理解ができない。好きになろうとしても、自分の肌の感覚として拒絶してしまう。ほんとうに食べ物と同じで、魚屋に生まれた魚嫌いの息子みたいな。魚がいくらおいしいんだと言われても、本人が持っている適性上、たとえばアレルギーがあったり、そもそも好みじゃなかったり、肉のほうが好きだったり、本人が選択できるレベルを超えて、持って生まれたもの、それにかなり左右されると思うんです。

食べ物でもそうですけど、訓練したら、ある程度の人は食べられるようになります。大体の人がそのように好き嫌いなく食べられるようになるし、また趣味趣向も変わるし、そういう意味で八割がたの人はそれで解決をしていっています。なので、天理教の子どもへの教育の仕方も根気よく教えを伝えていけばわかるという考えが共感を呼んで教育の方針として、根づいてしまっているんです。八割の人が、「あ、私のとこもそうでした」「だから小さい頃から食べ物でも信仰でも定期的に押さえていけば、しっかりとした信仰になる人に必ず育ちますから」と言っている。そうやって初めて親になる人は子育てに挑むわけですよね。もともと信者であるかたが子どもを育てる際には自分がそうだったように、ほかの人もきっとわかるだろうと、そういう錯覚にとらわれる。まして自分の子どもなのだからという、根拠のない信念みたいなものを生みやすい。

そういう循環で信仰というのは受け継がれていくと思うんですけど。やはりその中で取り残されていくのは、最後まで適性のない子どもたちですよね。そういうかたたちは、どうなるかというと、親の目から見ると、信仰に向き合おうとしていないように映る。もしくは、「何かちょっと障害があるんじゃないか」とか、「何かしら自分の育て方が悪いんじゃないか」「もっと過激にしたほうがいいんじゃないか」「もっと優しくしたほうがいいんじゃないか」となって、親自身も初めての子育てで、ほとんどの人から聞いている反応と違う反応する我が子を目の当たりにして、苦しむ。そういう意味では、親も被害者であり、子どもも被害者であると思います。

多くのかたがそうですが、自分の信じていることを子どもも同様に信じてくれたら気持ちの良いものです。親側としては信仰を伝えない選択は非常に苦しいわけです。それなら根気よく伝えていくほうが親の精神衛生上は健全に保たれるわけです。やってる感もありますし。それが子どもとの接し方、愛情表現になっているので、子ども側としては相当な負荷がかかるわけです。結局のところ、親は子どもがパンクして離脱するまで追い込んでしまいがちです。そこまで追い込んでしまう親は子どもが離脱したあとも、なぜこれほどまでに愛情を注いだのに何が悪かったのか、本質的に理解ができなくなってしまっている場合がほとんどで、非常に苦しむことになります。

そういった苦しむ親や子どもを救う制度、また自由に別の道に向かっていいよと促すシステムが必要だと感じています。親側からいえば子どもが信仰をしなくても責められない、精神衛生上安定して信仰できる制度であり、子ども側からいえば親の信仰的なプレッシャーからいつでも逃げられるようになる制度が必要だと感じます。それが結果的に宗教への理解につながり、より信仰しやすい環境になると思います。しかし、現状は組織全体で見ると少数派の二割程度の問題なので、等閑視される。すごい熱心な人が抜けてしまうのであれば、組織上困りますけど、もともと適性のない人が抜けていくというのは、組織としては議論になりませんが、未信者をいかにつなぐかについては熱心ですが、反対の切ること、切り方については非常にネガティブだと思います。ですから、そういう制度というのがなかなか生まれていかないという構造的な問題があると思っています。

もちろん、実際の事例としてそういう信仰を持っていない後継者や信者が飛びだしていったという事例も天理教の中では多数存在しています。一割か、もっと少ないかもしれませんが。

その適性、霊性とか宗教的感受性があれば、天理教にフィットする人がほとんどだと思いますが、組織の人間関係が嫌になってという場合もあります。でも、それは自分が好きなアイドルグループの会合であっても、同じだと思いますし、その誰か特定の人が嫌でとか、意見が合わなくてやめるっていうのは、ほかの組織と同じような感じであります。

## ◉宗教問題の相談を受けるなかで

私は公益社団法人の理事も務めています。宗教に限らず世の中に困っている人の電話相談とか悩み相談をやっているところです。団体の設立者も宗教的なバックボーンがあって、私と同じ。天理教は人を助けて、自分が助かるという教理ですから、親和性があると思い、五年ほど前に直接その事務所を訪れたのがきっかけです。

一通りのいろんな電話を、二〇〇〇件以上は、いろんな人の電話相談を受けてきました。DV、虐待、借金、ストーカー、ただの愚痴もあります。そういうのをいろいろと受けて自分なりに思うことを話すというふうなのをやっていました。宗教問題の相談もあります。ずっと付き合っていた人が結婚したいと思ったら、他の宗教の関係でややこしくなっているとか、自分の息子がそれこそ神さまを信じてなくて困っているとか。

今回の元総理の銃撃事件についてですが、他人事とは思えないというのはすごく感じました。やはり自分自身の生い立ちも宗教の2世問題というか、親の信仰との狭間で揺れ動いたという経験もありますから、僕の意見からすると、構造的な問題で宗教界全体としてこの問題には取りくんでいかないといけないと思っています。宗教をこれから広めていく人にも損失ですし、これから本来なら信仰していける人たちも、こういう事件があったからちょっと宗教は危ないよねっていうふうに世間でいま認知されています。そういう意味で、残念な事件だなと思っています。

この事件自体は、非常に残忍で許されないことだと思っています。しかし、いまこういった宗教の2世問題について積極的に活動されてるのは、2世問題のかたが多いと思うんですね。旧統一教会のかたからしてみたら、ややあ言っているけど、熱心に信仰している人は今回の事件があっても離れないんです。熱心な信者さんたちは集まって、布教活動を模索していると思います。

私自身は信仰をしている者として、信仰をすることに肯定的な立場です。また未信仰者のかたが、信仰をつかむきっかけが増えることはよいことだと思っております。しかし、今回の事件は他の宗教にとっても非常に布教しにくくなった事件だと思います。なので、より信仰を広めるためにも、この問題というのは、特に熱心に神様を信仰しているかたが「どうすれば信仰というものを不安なく理解してもらえるのか」という視点からこの問題に向き合っていくことがとても重要だと思っています。

棄教している人たちだけではなくて、信仰者にも非常に重要な話だと思うんです。そういう人たちが今回の問題に対して、新しいルールを作っていかないといけないと思うんです。たとえばですが、サッカーで迷惑しているかたがサッカーのルールを作ったら、この場所でプレーしては駄目とか、この時間はプレーするのはやめようとか、結局そういう禁止事項や、いかにやらない人に迷惑がかからないかがルールの根幹になってしまいます。そんなことされたら純粋にサッカーを楽しみたい人は、かえって隠れてやったりとか、バレない形でその楽しさを広めようとするので、すごく効率が悪いと思うんです。サッカーのルールはプレイヤーのことも当然考えるべきで、法律でも条令でもそうですが、やる人もやらない人もお互いに気持ちよくできるようにしようというのが根幹にあると思うんです。今回の2世問題のルールは、プレイヤーである信仰者がしっかりと考えるべき問題だと思います。

だからこの2世問題の当事者として解決すべきなのは、宗教の被害者だけじゃなくて、熱心に信仰している人たちも重要だと思うんです。その当事者意識というのをしっかりと信仰者自身が持って、信仰をいかに広めていくかというのを議論の根幹に置いて、どうやったらほかの人に迷惑をかけずに楽しく幸せに信仰を広めていくことができるのかを考えるのが、大事だと思っています。

第四章

# 弟の葬式が終わってから、すぐ家を出ました。この家にいたらやばいなと。もう一秒たりともいられないと思ったんです。

——エホバの証人を辞めてピアサポーターとして活躍する、ちざわりんさん

## ◉母の孤独と父の無関心

うちは父も母も東北の人で、私もそのまま東北に住んでいます。父親は長年工場の仕事をしていて、母親はパートの仕事をしていました。結婚前、母は食堂に勤めていて、父はそこの客だったそうです。それで、母親が二五歳、父親が二三歳で結婚したようです。その数年後に、長男、兄が生まれました。私は二つ下の次男で、二つ下に三男の弟がいました。弟は一七歳で自死しています。

母親の実家が霊視と言いますか、仏教系、日蓮宗のスピリチュアル的な家《うち》だったんです。「たと

えば夢に鬼子母神が出てきて、お告げがあったりと、母方の祖母の義理の家族にも、そういう霊能者的な人がいて、よく当たるらしいんですね。ただその代わり、いろいろ祟《たた》りと言いますかね、お守りを粗末にしていると罰《ばち》が当たるとか、そういうことをよく言われる環境だったそうで、母はそんな空気が嫌だったそうです。

祖父は戦争から帰ってきた人で、戦争のことはほとんど話さなかったんですけど、自分が亡くなる直前にボソッと「俺は人を何人も殺したんだ」と言っていました。だからトラウマティックな体験が原因で、仏教系とかそういったものにのめり込んだんじゃないかと推測しています。

そんな事情ですから、母親は結婚しても実家から距離を置いて、孤立していました。子育て中というのもあって、余計に孤独だったのでしょう。エホバの証人の勧誘に遭って、「この世はサタンの世の中だ」という教えに対して、「これが答えだ」と惹かれてしまいました。私から見ると、母親はどちらかというと人付き合いがあまり上手じゃなくて、そこでエホバの証人のコミュニティに自分の居場所を見つけのだろうと思っています。

父親は五人兄弟の二番目で、実家はもともとお金があったようなんですけど、没落する過程で成長したらしく、中卒で働いていました。父がエホバの証人に入信したことはありません。父親は、真面目な性格で、酒もギャンブルもやらない人で、子どもにも手をあげたこともないです。ただ、自分の妻が子どもたちを集会に連れていくことに関しては、無関心でした。

子育ては妻に任せている感じで、無干渉でした。いま考えると、子どもに関して積極的に関心を持たずに「事なかれ主義」的な父親だったんだと、思っています。ただ私も「父親」になったこともあり、父親の精神的背景も理解できるようにはなってきました。

母が三〇歳のときにエホバの証人になって、私がそのとき五歳、小学校にあがる前の年長組だったと思います。いちばんショックだったのが、世間的な祝い事が禁止されているので、鯉のぼりを飾れなくなったということです。一年生ぐらいから週三回の集会に行かされるようになりました。

友だちを家に呼んじゃいけない、「この世との交わりを避けるように」という教義ですから、小学校に入って初めてできた友だちが、遊びに来てくれたのに、テレビも見られない、ゲームもないということで、「おもしろくない」と言って帰っていって、それっきり友だちを家に入れるということがなくなりました。

火曜、木曜、日曜と集会に行っていたので、テレビの話題についていけないことにも、孤立感がありました。小学校二、三年ぐらいの時に『フクちゃん』というアニメが流行っていて、その話題についていけなかったっていうのが、すごくショックで覚えていますね。あとは『キン肉マン』を観たかった。それで知ったかぶりして取りつくろう傾向が出てきて。ファミコンが発売されたんですけど、暴力的なゲームが多いからという理由で、どうしても買ってくれなくて、でもファミコンがやりたくてやりたくて、それが目的で友だちの家に遊びに行っていました。とにかくゲームがやりたい、ファミコンやりたいという思いに囚われていたのは、すごく覚えています。『スーパーマリオブラザーズ』や、最初の『ドラゴンクエスト』が憧れでした。あとは『スターソルジャー』ですかね、当時は高橋名人が大人気だった。あの孤立感というのは、ひどかったですね。トラウマ的です。

## ◉「ムチ」の記憶

奉仕（布教）に行きたくない、集会に行きたくないという思いがあって、なんと言っても「ムチ」です。遊びに夢中になってしまって、奉仕に行く時間に遅れて帰ってきたときに、ものすごい形相でムチをされたというのは、覚えています。私は王国会館（地域の中心的な集会施設）ではムチをされなかったんです。でもほかの子どもたちが口を押さえられて、トイレでムチをされて、叫び声がギャーと聞こえてくるのは、私にとってはすごくつらくて、ムチをされて帰ってきた子に対して、声もかけられないから、何も言えないでそばにいるようにした記憶があります。

ツイッターのスペースで「宗教2世・当事者ダイアローグ研究会」と題して、同じ宗教2世同士で対話をする場を開催していますが、同じエホバの証人2世同士で「ムチ」の話題になると、いままで思い出されてなかった小学校2〜3年生頃の記憶が急によみがえってくることがあります。私にとってこの頃の記憶は完全に「蓋」がされていたようで、対話実践をすることで、徐々に開いてきているような気がしています。もちろん気分のいい体験ではないのですが、私の苦しさやつらさを共感してくれる当事者とこの気持ちを分かち合う時に、自分の中でも「回復」を感じることができています。いまはまだ試行錯誤ですが、今後もこの活動は続けていこうと思っています。

好きなテレビを見られない、ゲームを買ってくれないというのもつらかったですが、いちばん疑問に思っていたのは、部活ができないということです。四年生のときに野球部に入れなくて、うちはよそと違うんだとつくづく感じて、そこから人格が歪んでしまったというか、すごくネガティブな性格になってしまった気がします。運動がかなり得意なほうだったから、悔しくて。草野球とか、結構いい感じで楽しんでいたんですよ。走るのも速かったです。それなのにと。人生が灰色になった気分でした。

子どものときにこの宗教に入っていて良かったことと言えば、バスに乗って王国会館に行けたことくらいです。そのバスの停留所をぜんぶ覚えて。そういえば学校の文集で「バスの運転手になりたい」と、小学校二年生のときに書きました。エホバの証人の内部の人間関係では、あんまり楽しい思いはしていなかったです。仲良くしていた信者の子どももいなくて。珍しく学区内では、2世の信者が私の家の三人だけだったんです。だから横のつながりはほぼありませんでした。

決定的だったのは、小学校五年の夏休みに、私が住んでいる地方の開けた地域に奉仕に行く行事があったんです。いつもと違うところに行くと。私はどうしても行きたくなくて、抵抗したんです。

それでも、小学校五年だと、まだギリギリ母親の支配下だったので、どうしても従わなくてはいけなくて、突発的に首を吊ろうと思いました。もう死んで復讐してやると思って。ただ道具が、周囲には電気のケーブルしかなかったです。それを結んだりといった実作業ができなくて、結局は諦めてしまいました。そのあとは「あ、これはもう逃げられないから、何とか隙を見つけよう」ということで、いい大学に入って県外に出ようと、そんな夢を追うようになりました。

兄弟の関係についてですが、兄貴とはあんまり仲良くなかったです。支配的な兄でしたね。子どもの頃は勝てなかったです。逆に弟とは気が合って、すごくかわいがっていました。仲が良かったです。弟が自死する前くらいは、思春期で彼も反抗期になっていて、ゲームをめぐって喧嘩したことはありましたけど（笑）。そのときは私が、自分の給料でゲームを買って、家に持ちこんで、弟と遊んでいたんです。

### ●集団暴行を受けたことがきっかけで…

時間をもとに戻して、中一のときのことですが、ほとんどみんなが部活やっているという状況で、クラスには部活やっていないのが、私ともうひとりぐらいでした。で、そのもうひとりは不良グループに入っていて、私はもちろんそうではなく。それで、その不良から中一の頃にはもう目を付けられていて、当時の社会情勢ですけど、目が合っただけで手をあげられたりということがありました。さすがに『スクールウォーズ』のオープニングみたいに校舎の窓ガラス割ったりとか、バイクに乗ったりっていうのはなかったですけど、隣の中学のグループが殴り込みに来たというようなことはあって。教師が生徒を殴ることもありましたし、学校がいちばん荒れていた時代です。

それで中一の二学期、孤立感に耐えられなくて、母親に内緒で部活を始めてしまいました。卓球部に入って、徐々に教団から自然消滅するのをねらっていました。集会に参加するのも不活発になりがちだったんですよ。ほんとうは野球部に入りたかったけれども、それは入るとバレバレだから、ゆるい卓球部に入ってやっていて。私もそのとき、体もまあまあ大きいほうだし態度がデカかったんでしょうね、不良グループのことを馬鹿にしていたんです。すると中三の一学期に、同じ学年の不良グループに絡まれて、五、六人ぐらいに集団暴行を受けるという事件が起きたんです。それで、なんていうかな、私の中のプライドがもう底に落ちてしまったというのと、かといって私は不登校になりたくなかったんです。彼らに負けたくないって思っていて。でも、やっぱり怖い、行くと怖い。そういう葛藤が生まれました。

そして、そのリンチにあった日が集会の日だったんです。母親は私が帰ってくるのを待っていて、集会に行ったら、何て言うんだろう、保護されたという気持ちになったんです。この場所が助けてくれたという気持ちになってしまって。直前までは、勉強を頑張って高校の良いところに行って、そのあとは良い大学に行くと決めていて、もういつでもエホバの証人を辞めてやるという思いになっていたのですが、集団暴行からまず保護してくれたのが母親と、エホバの証人の会衆。私の信仰は不活発になっていましたから、通いはじめたら兄弟姉妹（信者仲間）が歓迎してくれるわけなんです。ここがやっぱり私の居場所なんだという感覚になって、ここに来れば私のことを受け入れてくれると思ったんです。

特に副読本の『永遠に生きる』に導かれました。「終わりの日の印」という記述があって、エホバの証人の有名な教義が書かれていました。一九一四年から「終わりの日」が始まっていて、「それを見た世代が過ぎさる前に終わりが来る」と書かれていて、そのあたりを読むと、過去の予言が当たっていると思わせるようになっています。「あ、これはほんとうに終わりが来るぞ」という危機感で、母親に対して「俺を真理に導いてくれてありがとう」と感謝しました。そうして模範的で熱心な信者になりました。エホバの証人が「唯一真《まこと》の神の組織」なんだと感じながら、出版されている本を徹底的に調べました。

◉**洗礼（バプテスマ）を受ける**

いま考えると、つらい現実からの回避行動ですよね。母親がそういう宗教をずっと長年やっていたという安心感と、私が以前からエホバの証人の集会に通っていたという前提があって、私が精神的に危機を味わったときに、その前提に回収されてしまった。エホバの証人という宗教が、私にとって残念なことに、ほんとうに救いになってしまった。いま考えれば、集団暴行を受けた時点で、警察に通報すべきだったなとか、あんなところ登校拒否していればよかったなって、冷静に思います。これは「たられば」ですけど、現実には、私にとっての心理的なターニングポイントが生まれてしまった。いまでは私の人生でいちばんのトラウマになっている部分です。私自身もトラウマをセルフケアしていくと、ここをいちばんクローズアップせずにいられません。

エホバの証人の年代計算に説得力を感じてしまいました。地震が増えているとか、疫病が増えているとか、そんな記述を見せられて、一発で持っていかれました。出版物の絵がやっぱり強烈でしたね。火の玉が降ってきて、ビルが崩れて、人々が逃げ惑う。そうやってハルマゲドンが来るってほんとうに信じていました。

高校一年の夏休みに洗礼（バプテスマ）を受けました。エホバの証人の教義としては、「バプテスマは、人が過去の生き方において死に、神に献身したクリスチャンとして新たな生き方を始めることを象徴」とされていて、正式なエホバの証人の成員として認められます。そして会衆内では男性は「〇〇兄弟」女性は「〇〇姉妹」と呼ばれるようになります。でも、このバプテスマにしても、「エホバを愛している」というお定まりの理由ではなくて、ハルマゲドンが来るから滅ぼされたくないので、とりあえずエホバの証人の一員になろうというのが大きな理由でした。エホバの証人の言うことを聞いて、奉仕活動をして、いわゆる「真理」、自分たちの教えを述べ伝えて、ひとりでも滅ぼされる人が出ないようにしなきゃいけないという使命感はありました。でもいちばんのモチベーションは、滅ぼされたくない、自分は生き残りたい、地上の楽園で永遠に生きたいという気持ちです。一九九〇年前後のことで、日本ではオカルトブームでしたが、それらには興味がなくて、影響を受けたとは思いません。

戦争とかそういったのには嫌気がさしていたのは大きいです。世の中のそういう悲惨なこと、沖縄戦の話を小学校のときに読んで、それを感想文に書いて先生にほめられたのを、思いだしました。とにかく戦争は嫌だなっていうのは、エホバの証人の信仰の問題とは別に、たしかにありましたね。エホバの証人じゃなければ左翼になっていたかもしれないですね（笑）。バプテスマのあと、伝道（布教）を熱心にやりました。夏休み中の「補助開拓者」（当時月60時間の伝道活動をおこなう人）です。高校を出たらお決まりのルート、「開拓者学校」（当時月80時間の伝道活動をおこなうための「正規開拓者」になるために2週間通う学校のこと）をめざしていました。かつて思っていた、良い高校に行って、良い大学に行っていう目標は消えました。

新しい夢は「ベテル奉仕者」です。つまりエホバの証人の印刷工場などで無給で働いて、「神の家で働ける特権」に感謝する、という。一目置かれる「特別開拓者」（当時月130時間の伝道活動をおこなう人）になりたい、将来的には「巡回監督」（1〜3県にまたがる「巡回区」を定期的に回る指導者。エリアマネジャー的存在）になって、といった夢を思いえがいていました。

私が所属していた会衆に何人かの「長老」（会衆の指導的な立場）がいましたが、ひとりだけ話しやすかったのは、自営業をしている兄弟でした。でもほかの長老は、ちょっと生理的に無理だったんです。高圧的でしたし、何よりもえこひいきですね。自分の子どもに対してえこひいきしているのに、「つまずき」ました。自分がこれだけ頑張っていて、あの長老の息子は遊んでいるのに、会衆の中の仕事、良い仕事、エホバの証人用語でいう「特権」ですが、その長老の息子ばっかりに与えられていて、ステータスが高い。私はその息子より頑張って真面目にやっているのに、そんな良い仕事は与えられないということで、なんでこんなえこひいきするんだろうと、深く失望したことを覚えています。

### ◉騙されていたことに気づく

そうやって時間が経ち、二〇歳になった年が一九九四年でした。一九一四年に生まれた人たちは、もう八〇になっているわけです。八〇といっても日本は長寿国だから、ほとんどの国の人たちはもう死んでいるわけですよね。ほんとうに終わりが来るのかな、というのが、その時点で不安になったんです。

それと、ちょうど開拓者学校に行く直前という状況で、エホバの証人のあいだでは背教者の本を読んじゃいけないという教えだったので、そうやって情報統制されていたから、「いや、自分ぐらいこんなに熱心で模範的な兄弟であれば、そういう背教者の人の本を簡単に論破できるだろう。この本を論破してから堂々と開拓者学校に行こう」という、その年頃のイキった考えがあって、それでウィリアム・ウッドさんの一九九三年に出された『エホバの証人——マインド・コントロールの実態』を読んだところ、最初にショックを受けたのがこの教団の創始者のチャールズ・P・ラッセルの墓が、ピラミッド型だったという情報です。そのピラミッドの構造から年代計算をしていたと書いてあって。ピラミッドみたいなものが墓になっているとはどういうことだと。エホバの証人が批判してきた「大いなるバビロン」そのもののイメージです。そこがまず受け止めきれなかったですね。それから一八七四年に終わりが来る、などと予言したのに、予言がつぎつぎと外れてきたという事実が細かくびっしりと記されていて。ありえないくらいショックを受けたんですね。

私が赤ん坊の頃ですが、エホバの証人のあいだでは一九七五年にハルマゲドンが来ると言われていて、それが外れて多くの信者が脱退したことがあったそうです。それは集会で噂として聞いていたんですが、私は「それでふるいにかけられたんだ」と思っていました。残ったものが真理を知っているということです。でも「いや待てよ、もしかして予言は今後も外れるんじゃないかな」と不安になって、私の信仰がぐらついて、エホバの証人の組織について、徹底的に疑いの目を持って調べるようになったんです。

マニアックな分野なので、東京にある専門的な聖書図書館という施設に行って調べたりとか、エホバの証人の組織についても外部の情報を調べましたね。そして結論としては、この教団は自分たちが言っているような「唯一真の神の組織」じゃないと考えました。騙されていた、情報統制されていた、と不誠実さを感じたんです。

裏切られた、見捨てられたという思いが湧いてきて、中学校三年から二〇歳までの期間、みんなが勉強して大学に進学したり、就職したりしているあいだに、自分は何をやっていたんだろうと思って。エホバの証人が言う「世の人」に対して、猛烈な劣等感を感じるようになりました。自分の精神が弱かったんだ、なんでこんなものを盲信してしまったんだろうって、自分を責めましたし、「自分は駄目な人間なんだ」という想念に囚われて、「失ったものは大きい。もうこの先、何もいいことない」と思われて仕方なくて……。

自殺は考えませんでしたが、日本酒が身近な地域なので、ワンカップの酒を飲んだら、そういう苦しい気持ちを忘れられました。それに味をしめて浴びるように酒を飲んで、飲んでいるときだけ、自分が生きている実感がしたというか、頭がクリアになる感じがして、まともなことを考えられる。酔っ払っているときだけ、嫌なことを忘れて自分らしく生きられると思うようになりました。

それで急性アルコール中毒になったり、精神科に通って薬を飲んで、おかしくなったりしながら、また酒を飲んで、酒を飲んでいないときはギャンブルに耽《ふけ》ってという具合で、とにかく現実を忘れるために一生懸命あがいていましたね。エホバの証人で否定されている生活そのものですが、わざと教えに反することをやったというよりは、とにかく自分が楽になりたかったんです。「あえて破ってやろう」という心の余裕さえなかったです。とにかくつらくって、立ちなおれずに苦しんでいました。

## ◉弟の自死

そうこうするうちに、二二歳の時に酒ですごい大失敗をしてしまって、もうこれは真人間になろうと思って、介護の仕事に入りました。臨時でしたけど、仕事を真面目にやっていたら、上司の人に認められて、ほめられて、八ヶ月くらいで、介護の世界でやっていけるなって思った頃に、弟が自死しました。

私自身は小学生のとき、中学になったら教団を出ようと思っていましたが、弟はそんなそぶりも見せないで、すごく「良い子」だったんです。良い子すぎて、我慢に我慢を重ねてきたと思っています。だからそれを上手に吐きだせなかったっていうところで、ほんとうに疲れちゃったんじゃないかかな。遺言からは、そのように察しました。親に対しても反抗しなかったんです。目立った反抗期があんまりなかったんですよね。正直な話、弟のことに関しては、自分の中でまだ掘りさげられていないですね。いまは本業で自殺予防をやっていますけれど、自分の親族のことに関しては、まだ心の整理がつかない。

思いだすのは、弟が亡くなる一週間前に、私が酔っ払って玄関のガラスを割ったんです。そういうことも、自分のなかでは後悔があります。それが影響したのかなって、いまでも心が疼《うず》くんです。ほんとうはそんなことはないだろうとわかっているんですけど、でも弟に悪かったという思いが強くて。これからも自分のなかで向きあっていかなくてはいけないことだと思っています。

弟の葬式が終わってから、すぐ家を出ました。この家にいたらやばいなと思ったんです。もう一秒たりともいられないと思ったんです。以前から介護の仕事をやっていて、正職員の仕事が決まったところでした。もとから引っ越す予定ではあったんですけど、それを一気に前倒しして。ほんとうに何も持たずに出ていったんです。逃げるように出ました。

でも家を出て一年間ぐらいはまだ酒びたりでした。部屋がゴミ屋敷状態で、人を入れられない状態で。そのうちに一周忌が終わって、それからインターネットがその頃につながりました。一九九九年。当時から活動していたエホバの証人2世の界隈につながれて、それは立ちなおっていくうえで、大きなきっかけになりました。

### ◉立ちなおりの契機

もう一つのきっかけは、放送大学に通いはじめたことです。二四歳から通って、介護福祉士という目標、国家資格を取るという目標ができたんです。放送大学の試験に向けて勉強しなきゃいけなかったから、弟のことを忘れられるし、大きいターニングポイントになりました。卒業したのは二九歳で、卒業研究は「介護職のバーンアウトについて」でした。当時、グループホームという認知症対応型の専門の施設ができ始めていたんです。私はそこに勤めたいと思って憧れていたので、実際に勤めていた特別養護老人ホームとの就労状況を比較しました。結論を言うと、どちらもたいして変わらなかったんですけど。その頃になったら、もうかなり気持ちは吹っ切れていました。俺はもう介護の世界で生きていくんだという自信がついていて、エホバの証人の過去のことも弟のことも、思い出になりつつありました。

それで、在学中に二五歳で介護福祉士を取れて、二七歳では介護支援専門員（ケアマネジャー）の資格も取りました。仕事でやっていたことは、最初の七年は介護の現場で、実際にオムツを替えたり食事介助をしたりとか、入浴介助をしたりで、時間を見つけて資格の勉強を続けました。二八歳からは、ケアマネジャーの事業所、居宅介護支援事業所の立ちあげをして、そこの管理者を七年ほどやっていました。そのあいだに社会福祉士の受験資格を得るために通信制の専門学校に通って、三一歳で社会福祉士を取りました。そのあとは施設の立ちあげの仕事を半年やったけれど、鬱になってしまって休職し、地域包括支援センターというところに三六歳から勤めています。いまも同じ職場で、四五歳のときに公認心理師の資格を取りました。

結婚したのは二八歳のときです。相手は同じ職場の同僚でした。宗教の問題を理解してくれるか不安だったんですけれど、妻は私のことをしっかり受けとめてくれて、「もう信じてないんだよね？」という一言で、何も触れないでくれました。ほんとうにありがたかったです。それから子どもはふたりできて、家族に恵まれました。

いまは、ふたたび放送大学に通っています。自分には学歴コンプレックスがあると感じています。日々の生活に夢中になって、自分の心の疼きに蓋をして、なるべく向きあわないように努力していたんですけど、公認心理師を取ったあと、たまたま性暴力被害者の支援の研修に出るということがありました。それで複雑性ＰＴＳＤという概念に出会って、その後遺症がそのまま私の事例に重なっていたので、「これはまずい、俺は複雑性ＰＴＳＤだったんだ」と思って、それから勉強を始めたんです。

勉強が進んだので、これは論文にしたいなと思って、放送大学の学部に入りなおしました。宗教2世として体験した経験は何だったのかを、複雑性ＰＴＳＤ、発達性トラウマ、小児期逆境体験（ACEs）、機能不全家族、早期不適応的スキーマなど、専門職やアカデミックな世界の方々に通じる言葉で、「翻訳」することで、語れるようになりたいという願いがあります。卒業後は修士課程や博士課程にも進学を考えています。

## ◉宗教2世としての発信を始める

二〇二〇年の一月から、宗教2世としての発信を始めました。ツイッターを始めたのは、公認心理師として登録できて、福祉系の仕事でもっと活躍したいという思惑で、そのプロモーション的な意味合いが強かったんですけど、さっき言ったとおり、自分のなかで「蓋」が開いてしまった。「公認心理師でございます」なんて言いながら、まだ自分の過去のトラウマがぜんぜん清算されてないことを思い知って、公認心理師としての発信というよりも、あえて宗教2世としての自分、当事者として発信するようになったんです。そのあとマコトさん（横道誠）の自助グループに出会えたのが同じ年の五月だったと思います。自分が調べたなかで感じた思いや、複雑性PTSDとか発達性トラウマ障害とかトラウマインフォームドケアとか、自分の中で引っかかった用語を、自分の宗教2世のトラウマに引っかかったことに関して、ツイートしていきました。そして二〇二一年の一〇月から本格的にスペースで、エホバの証人2世界隈の方々を中心に、さまざまな宗教2世と対話実践をするようになりました。

トラウマの蓋が開いたきっかけは、息子が、弟が自死した一七歳になったことです。私はかなり落ちこんでいた時期で、あるきっかけから、弟の命日に、「じつは自分の弟は一七歳で死んだんだ、自死したんだ」と伝えました。それで私はずいぶんと楽になりました。息子自身は、以前から事故で死んだと伝えられていたから、そんなにショックではなかったようです。

だいぶ対話を続けるなかで、回復してきているとは思うんですけど、やっぱり自分でもまだわからない傷つき体験があるんだなと、よく感じます。いまでも弟のことを、まだそんなに掘りさげていなかったなと思いいたって。苦しさとしては、とにかく周りの目が気になる、周りの評価が気になりすぎることがあります。いわゆる「否定的自己概念」が強い。あとはかつての信仰の影響で、「正しい人には正しいことが起きて、悪い人には悪いことが起きる」という「公正世界信念」が染みついていて、それが生きづらさを助長していると感じます。世の中を変えなきゃいけないという革命家思想的なところもあって、よくないなと思っています。

宗教2世問題のために、まず私たちプロの心理師がやらなきゃいけないと思うんですが、全国共通のガイドラインが必要なんじゃないかと思っています。公的機関で言うと、まずは保健所です。行政機関の精神保健の分野に周知するようなガイドラインがあるといい。それから精神障害に対応する地域包括ケアシステムというのが国で進められていて、ピアサポートを進めようというふうに言われているので、もっとそのピアサポートの活動に対して本腰を入れてほしいです、ピアサポーターを使い捨てにするのではなくて。それこそ当事者研究とかにもっと予算を取って、本格的な実証研究のためのお金を取ってくれるとか、そういった取りくみをすることで、救われる人が増える。少ない予算、少ない労力で最大の効果が生まれるんじゃないかというのが私の視点です。そこから今度は精神科医とか心理師が学んでほしいんです。依存症の分野では、お医者さんが自助グループから学んでいるという構造が、宗教2世の分野でもできればいいと思うんです。とにかく「いま苦しんでいる人に何ができるか」というのが、私のなかでテーマです。

最後に宗教2世の人には、「一緒に回復していきましょう」と伝えたいです。マコトさんの自助会はあんまり荒れませんけど、ツイッター上では、文字だけでのやり取り、という特性もあり、少しの言葉の行き違いで、感情のぶつかり合い的なことが残念ながら、たまに見られることがあります。2世たちは、自分でもわからないぐらいの傷つき体験を経験しているから、防衛反応が過剰に働きがちで、攻撃的にもなりがちですから、その特徴をわかったうえで、みんなで助けあっていきたいと思っています。そのために私も力を尽くしていくつもりです。

# 第五章

## 「なんで怒っちゃいけないと思っているの？」と尋ねられたときに、「あ、私のなかにまだ宗教の教えが残っているんだ」という衝撃がありました。

――宗教2世マンガの作者、菊池真理子さん

### ◉信仰熱心な母、入信しなかった父

母が創価学会員でした。岩手県水沢市の出身で、母方の祖父母について、私はまったく知りません。祖母は私が生まれる前に亡くなっていて、祖父は誰だかわからないままです。

母が中学校二年生ぐらいのとき、母の兄、つまり私の伯父がもう治らないかもしれないと言われるような大怪我を足に負いました。それで伯父が創価学会に入信して、勤行《ごんぎょう》をしていたら、怪我が治ったそうです。母はそれを見て、これは本当に信じていいものだと思ったらしくて、自分でも

創価学会に入信して、そのあとに自分の兄弟姉妹や親を折伏《しゃくぶく》して創価学会に入れたという経緯があります。中学時代から、黒板に雲の絵を描いて、そこから雨が降っている様子の絵にして、「ご本尊様というのはこの恵みの雨のようなものです」とクラスで発表するような熱心な信者だったようです。

世俗的なことには興味がない人で、西城秀樹のファンだったという側面はありますが（笑）、ほかには何が好きかはほとんど聞いたことがありません。創価学会の信仰にまっしぐらです。この母の娘として、私は宗教2世でした。

父も岩手県出身ですが、北上市の生まれです。父方の祖母は、私が生まれる前後に亡くなってしまっていて、祖父のことは知っていたのですが、家が離れていて、あんまり交流がありませんでした。

父と母は同じ中学校の出身です。母は父より学年がひとつ下でした。父は学校でわりと目立っていて、生徒会長をやっていたので、母は父を知っていて、父は母を知らないという状況だったんです。そのあと父は進学校の高校に進んで、母は商業高校に通ったと聞きました。そのまま離れてしまったわけですが、おとなになって東京に出てきたときに偶然再会しました。父が勤めていた会社に母も事務員として入ってきて、それで母のほうが「生徒会長の先輩だ！」とびっくりして、母からアタックしたという経緯があります。

それから、いったいどんな事情があったかは知らないのですが、父は母の言うことを聞かなくてはいけないような状況になったらしく、父には恋人がいたのになぜか母と結婚することになりました。母は父に創価学会に入信してくれと頼んで、一度は父もそうすると約束したらしいんです。なので、おそらくそのせいだと思うのですが、両親の結婚式の写真を見ると、父方の親戚は誰も来てないんですね。母方の親戚、親戚というか家族兄弟だけが来ている。ふたりは結婚しましたが、結局、父は約束を破って入信せずに、母だけが熱心で、父は母の信仰に反対するというのが、私が生まれた段階での夫婦の関係です。

私は東京で生まれましたが、三歳のときに埼玉県に引っ越して、それからいまに至るまでずっと埼玉です。三歳下の妹がいて、いまでも姉妹一緒に住んでいます。

## ◉幼児期の宗教教育

子どもの頃は座談会という行事に連れて行かれて、一緒にご本尊様のまつられている仏壇にお祈りを捧げる、お題目するということを日常的にやっていました。母はほとんど宗教活動に時間を取られていたため、私と妹はほぼネグレクトのような状態でした。私もまだ幼かったから、記憶違いもいろいろあるかもしれないのですが、母は夜にほとんど家にいませんでした。学校から私たちが帰ってくる時間には不在です。ご飯を作りに一度は帰ってきてくれるのですが、食べおわると、また母は一人で出て行く、たまに私と妹も連れられていく、というのが基本的なスタイルです。でも多くの夜は、私と妹とふたりだけで過ごしていました。

父は仕事人間、プラスお酒の飲み会があると絶対に参加して、帰ってくるのはほとんど「午前様」状態だったので、小さい頃は父に会う時間が少なかったです。週末になると、父の友だちがうちに集まってきて、土曜日と日曜日はずっと麻雀をしながらお酒を飲んでいました。麻雀をしている横でも母がお題目をあげているという奇妙な状況の中で、私と妹はふたりで部屋にこもってマンガを描いていました。これが小学校時代です。

母は熱心に池田大作さんを信仰していました。仏や日蓮ではなくて、なんといっても池田さん。座談会では、御書の勉強といって日蓮さんの勉強をしていたはずですけど、でもみんな、ちゃんと勉強していたのでしょうか……。うっすら勉強はしていた記憶もあるのですが、基本的にはいつも「池田先生、池田先生」でしたね。池田先生を称える歌を、私たちも無理に歌わされていました。

勤行をあげろとか、題目しろということは、いつも言われていました。ただ正座をして三〇分とか一時間とか、お題目をあげるのは子どもにはとてもきつかったので、私はすごくサボっていました。ですから、宗教活動をもっとしっかりしろと、ほかの宗教2世ほど言われていないのかもしれません。母からは、絶対に人の悪口を言ってはいけないとか、誰かに対して怒ってはいけない、嘘をついてはいけない、姉妹喧嘩はだめ、などとしつけられました。わりと普通のことなので、逆にそれは宗教の教えなのか母の教えなのか、私には区別がついていない点が多いんです。

日曜日になると、少年部という集まりに連れて行かれて、時間を取られる。午前中だけだったので、そんなに長時間を潰されたということでもないんですが、とても嫌でした。学年があがって、集まりでおとなたちが話していることに反論すると、すべて宗教用語で丸めこまれるのはおかしいと思っていました。創価学会のいわゆるご本尊様は紙なんですが、私が「ただの紙じゃないんですか?」「なんで紙に力があるんですか?」と質問したら、「うっ」とみんな言葉に詰まったあとで、「普通の紙とお金は違いますよね。紙幣は違いますよね。それと同じようなことです」と返答するわけです。ちゃんとした答えをくれないことに、もやもやしました。

私の中にも、いまだに罰《ばち》があたるという考えは残ってしまっているんですね。アダルトチルドレン、つまり親子関係がうまくいっていない機能不全家庭で育った人の周囲では、親から逃げろという原則が流通していますが、宗教が関わっていると親から逃げるのも大変だし、親や教団との関係を切って、家族としての交流は続けることもできない。親と自分という一対一の関係だけではなくて、背後に教団があるから何百万人対一ということになる。自分の心のうちにも罪とか罰とかの考えを取りこんでしまっているから、自分の人生を立てなおすのに、ものすごい余計な力を使わなくてはいけない。宗教2世は大変なことだらけです。

私に比べると妹はずっと素直で、父にも母にも可愛がられていました。ただ本人としてはやっぱりピエロ役というか、自分で演じていたと思うので、本当はつらかったんだろうと私は思っています。

### ◉母が自殺した

母が言っていたことは、悪いことをするなとか、言葉のうえではすごく良いことを言っていたのですが、私はそれに縛られすぎてしまって、過剰に善人になろうとしてしまっていたので、生きていくうえでは、つらかったなと思います。とはいえ、いろいろな呪縛がかなり解けたいまでは、やはり悪人よりは善人でいようかなっていうふうには思いますし、差別的なことを教えこまれなかったのは良かったと思います。

母自身も、私たちに言い聞かせる内容のようなすばらしい人であろうと努力していました。でも、父の麻雀仲間に対して、非常に怒ったり嫌ったりしているのは、子どもの私にも伝わってきたんです。でもそれを言葉にしないから、母は結局、私が小学校高学年ぐらいから毎日毎日、ほんとうに二四時間中で二〇時間ぐらいは泣いているような人になってしまいました。私が中学二年生のときに、母は結局、自殺をしてしまうんです。ですから、信仰のために良い人間であろうとしているのはわかるんですが、結局、そんなふうに人間はなりきれないという問題で、すごく葛藤していた人じゃないかという気がします母の不満のおもな原因は、父にありました。「信じるって言ったくせに一緒に信仰してくれなかった」ということは、ずっと恨みに思っていたようです。あとは、やはり母がお題目をあげていると、父は「そんなものを拝むんだったら、俺を拝め」と、酔っぱらっているからなんですけど、邪魔したりしていました。母はそれがすごく嫌そうでした。私が見る父の姿は、つねに酔っぱらいでした。とにかく父と母がまともに会話しているのを私はほとんど見たことがなくて。冷えきった夫婦だったと考えています。

宗教2世には親を恨んでいる人も多いですが、私の母があまりにもいつも泣いていたから、どうしても悪く思えませんでした。母に突然、タオルを振りまわされ、殴られたことがありますが、母のほうが「とにかく被害者です、私は」という態度を見せてくるので、私は母のイメージ通りに自分が加害者のような気がしてしまって、良い子になれない自分が悪いと考えて、お母さんが可哀そうで可哀そうでしょうがなかったんです。それに、母はなんでこんな不幸なんだろう、母は可哀そうだと思っていた矢先に死んでしまったので、本当に可哀そうなのが確定してしまったんです。ですから、母に対して嫌いというマイナスの感情を持つことに時間がかかりました。

母の被害者感情は父の不信仰だけに由来していません。教団内も関わっています。母は、『聖教新聞』を自分で配達する係だったり、あと、人前に立ってしゃべったりする役割だったんですが、そんなふうに仕事を押しつけられて、教団の活動が嫌で泣いていることもありました。そういうのを見ると、結局この人は学会を信じてもいないんだなとわかって、それで私はびっくりして。なんで信じてもいないのにそこにしがみつこうとするんだろうか、というのをずっと不思議に思っていました。母に対して「全部やめて、結婚もやめて、この人、逃げればいいのに」と思ったんです。でも教団外に人間関係がなかったんでしょうね。実家の家族も学会員ばかりになっていましたし。

自殺する直前、母は毎日ひたすら泣いて、家出したこともありました。でも父がまったく「我関せず」で、平然と生きていたんですよね。だから私もあえて「お母さん大丈夫？」と声をかけるとか、母を気遣うとかといったことをせずに、何もなかったように過ごすという選択をしてしまいました。その結果、母が亡くなったあとに、私が選んだ道はすべて間違いだったんだと思って、私が母の死に直接関わっているかのように感じて、とにかく苦しみました。

母が死ぬと、それまでは日中から酔っぱらって帰ってこなかった父が、私と妹の面倒を見るために自宅に帰ってくるようになりました。父は、母のことにほとんど触れなくなったから、家の中で「お母さん」という言葉は使ってはいけないかのような言葉になりました。表面上は何事もなかったように暮らして、表面的な部分では以前と同じような生活が変わらず続いているんだけれども、でもあちこちが違っていました。父は毎日ちゃんと帰ってきて、ご飯を作ってくれましたから、生活スタイルはずいぶんと変わりました。

## ◉母亡きあとの教団との関係

創価学会員たちは、当然お葬式にも来ていました。死後に信者は誰でももらえるらしいんですけれど、賞状みたいなのを渡してくるという茶番がありました。母は創価学会のせいで苦しんできたのに、こんなものをもらって何になるんだろう、まったく救ってくれなかったこの宗教ってなんなのか、と私は悩みながらお葬式に参列していました。そのあとは、学会員がしょっちゅううちに来るんです。なんとかの会合に行こうとか、聖教新聞をもう一回とってくれとか言うんですが、父がいると激怒して追いかえすんですね。父は家庭の外では、人当たりはそんなに悪くなかったですが、学会員に対してだけは「帰れ帰れ」と叫んで。そのうち学会の人たちは、父が不在にしていそうな時間をねらって来るようになりました。私は母の死を経て、この信仰は誰も幸せにしないと思ったので、なんだかんだと理由をつけて拒絶しました。中学生だったので「宿題があります」とか、「夜は出られません」とかです。でも、おとなになったあとも、ずっと来ていましたね。選挙前は特にそうです。公明党に入れてくださいと。適当にあしらうこともあれば、その政党の政策に私は賛成できないからと言って帰ってもらうこともありました。でもそれでもしょっちゅう来ていました。あとは池田さんが配ったお米をくれるとか、いろんなものを持ってうちに訪ねてきていました。私の心は何があっても動きませんでしたけれど。

学校生活を思い出してみると、母が大声で勤行をするので、近所中の人はうちが創価学会の家だということは知っていたんですが、小学校でそれに関して何か言われたことはありません。しかし昭和の時代なので、「おうちで何の新聞をとっていますか」と先生が質問する授業が道徳の時間にありました。クラスメイトが、『朝日新聞』、『読売新聞』、『毎日新聞』などと答えている中で、まだ名前が出ていないと思って、私が「『聖教新聞』です」と答えたら、学校の先生に「それは新聞じゃないです」と言われたことがありました。クラスの知っている子は知っているし、知らない子は知らないという感じだったと思います。ただ、あえて自分から、うちはこういう宗教をやっていますと私が言うことはほとんどなくて、学校で宗教絡みトラブルを経験したことはありません。

でも、どちらかというと隠したい思いはあったと感じています。小学生のあいだ創価学会の合唱隊に入れられていて。そのコンクールみたいなのがあって、何百人という子どもが一堂に会することがあったんです。じゃあみんな着席と言われたときに、私はちょっと着席が遅れて、そうしたら遠くのほうで同学年の女の子も着席が遅れていたんです。それがじつは同じクラスの子でした。お互いに眼が合って、指を差しあって、「あっ」と言って。それからは広い会場の中で着席して、コンクールに参加しました。でも、そのあと学校に通っていて、卒業するまでその子と学会の話をしたことは一度もないんです。ですから、お互いに心のどこか恥じていたんだと思います。

思春期以後の、恋愛や就職に関しては、私はもう内心では創価学会を抜けているつもりだったので、特に何もなかったです。でも中高生ぐらいのとき、「学会ってやばいんでしょ」といった話を誰かがしているのを聞いたことはあって、それもあって人に言わなかったんだと思います。あとは二〇歳前後かに、友だちがワーっと集まったときに、創価学会の悪口を誰かが言い出すんですよ。そのときに「あっ」と口をつぐんで、「いないよね、この中にいないよね」という確認をとる友だちを見たときに、そんなやばいところに私はいたんだ、というショックはありましたね。陰でこんな言われ方をしているようなところに、自分も母も所属していたのかと。

おとなになってくると、公明党絡みでひどいことがたくさん見えてきて、公明党が自民党と連立政権を組んだり、いろんな戦争に関わりかねない法案に賛成したりしているのを見たときに、そして、創価学会員が足並みを揃えてついていっていることに、衝撃を受けました。うちの母も生きていたら、ここに投票するんだろうと思ったら、びっくりしてしまって。創価学会という組織を見る眼はネガティブになりました。信者の一人ひとりに対しては、訪ねてくる人たちが面倒だと思いつつも、道端で会うとすごく良い人ではあるので、個々人に対して恨みなどはありません。

## ◉マンガ家としての道のり

子どもの頃、そんな家庭事情があったのでマンガを買ってもらえなかったんです。ですから子どもの頃は、ぜんぜんマンガを読まずにいました。アニメも見ていません。テレビ自体をあんまり見なくて。おとなになるまでマンガをほとんど読んだことがなくて、おとなになってからは吉田戦車さんが好きでした。

最初にマンガを描いたきっかけですが、創価学会が日蓮宗から破門される前に、富士山のふもとに常来坊という施設があったんです。そこに母の兄妹にあたる、やはり創価学会員の親戚の子どもたち、つまり従姉弟たちと一緒に泊まりに行ったことがあって。私は小学二年生だったんですが、「じょうらいぼう」という響きが怖かったんですね。お化けみたいな感じがして。それで従姉弟たちとキャーキャー怖い怖いって騒ぎました。すると、ホラーマンガを描こうって従姉が言ったんです。私はそれまでマンガを読んだことがなかったから描き方がわからなかったのですが、従姉がこうやってコマを割ってこういうふうに吹き出しにセリフを入れてというのを教えてくれて、それでみんなでホラーマンガを描きました。お話をつくるのが面白いなと思って、自分勝手な創作を自由帳に描きつけていました。

高校を卒業したあとは大学に行かず、フリーターをしてぷらぷら遊んでいました。数年後、お金がなくなったので賞金稼ぎをしようと思って、マンガを投稿してみたらマンガ家になれてしまいました。二三歳でプロデビューです。デビュー作になった作品が、ふつうの少女マンガを描いているつもりだったんですけど、アオリで編集さんに「ぶっ飛びコメディ」と書かれたんです。自分がコメディだと思っていないものでも、人が読んだらコメディなんだと思ってびっくりして。なにしろマンガを読んだ経験なしに描いていましたから、自分の描いている作品が王道の少女マンガではないということに、なかなか気づきませんでした。

なんだかんだとあがきましたが、そういうルール無用の作品ばかりだから、ぜんぜん売れないんです。自分が愚かすぎるのも嫌になって、二六歳から慶應義塾大学の通信教育課程に通って、卒業まで六年かかりました。同じ頃に仲の良い編集さんが何人かいて、そのうちの一人が、ちょっとルポマンガを書いてみない？　と声をかけてくれました。それで二七歳のときからそういう種類の作品を書くようになったんです。

一〇年以上ルポ系の作品を描いても自活には至らず、父と妹とずっと一緒に住んでいました。ところが二〇一五年、父が亡くなるという出来事があったんです。それが転機になって、自分を悩ませてきた父の問題、それから母の問題にも向きあいたいと思うようになりました。名義を本名の菊池真理子に変えて描いた最初の作品が、『酔うと化け物になる父がつらい』です。これを秋田書店でオンライン連載して、二〇一七年に単行本を刊行しました。大酒飲みだった父ですが、アルコール依存症という診断は一度も受けていませんでしたから、マンガにする直前くらいに、おそらくアルコール依存症だったんだとようやく気づきました。父本人は、依存症という自覚がないまま亡くなっています。

このマンガを描くまでは、私は、自分自身がずっと生きづらかったということに気づいていなくて、そうとうひどい人生だったはずなのに、無感情になってやりすごすというスキルばかり身につけてしまっていたので、何か困ったことがあったり嫌なことがあったりしても、自分だけで必死になんとかしていました。嫌だという自分の感情はなんとか見ないようにするというふうにしていたので、生きづらさに気づかなかったんです。マンガを描くことで気づけて、そこから自分を含めたいろんな人の生きづらさという問題に、眼が向くようになりました。

母のお葬式のことを思い出すと、母の死んでいる顔が記憶によみがえってきます。でも何ひとつ感じられないんです。悲しみも何もない、本当に無の心の状態になってしまって、それ以上思い出そうとするときっと良くないな、精神衛生上、良くないと思って、母のことをあまり考えないようにしていました。いまもその無になってしまうんです。でもマンガ家になってから、いつか母のことを描きたいとは思っていました。あまりにも傷がなまなましいし、自分の技量的に描けないかもと思って保留にしつづけて。そのうちに父のことを描くことになって、ついでに母も宗教やっていましたという描写を、ちらっと入れたんです。そうしたら、その直後、夜寝ていたら突然、それまでは母のことをずっと可哀そう可哀そうと思ってきたんだけど、急に「子どもの前で家の中で死ぬな！」と、すごい怒りが湧いてきました。「そんな死ぬにしても子どもが第一発見者になるようなところで死ぬな！」と。そこから母のことも「可哀そうな人」じゃなくて、冷静にどんな人だったのか見つめなおしてみたいと考えはじめて、そうしたらやっぱり宗教の問題は避けられません。そこから、宗教2世に関するマンガをぼんやりと考えるようになりました。

郵便はがき

料金受取人払郵便

神田局
承認

7846

差出有効期間
2024年6月
30日まで

切手を貼らずに
お出し下さい。

101-8796

537

【受 取 人】

東京都千代田区外神田6-9-5

株式会社 **明石書店** 読者通信係 行

お買い上げ、ありがとうございました。
今後の出版物の参考といたしたく、ご記入、ご投函いただければ幸いに存じます。

| ふりがな<br>お 名 前 | 年齢 | 性別 |
|---|---|---|

ご 住 所 〒　　-

TEL (　　) FAX (　　)

| メールアドレス | ご職業（または学校名） |
|---|---|

| ＊図書目録のご希望<br>□ある<br>□ない | ＊ジャンル別などのご案内（不定期）のご希望<br>□ある：ジャンル（<br>□ない |
|---|---|

書籍のタイトル

◆本書を何でお知りになりましたか？
□新聞・雑誌の広告…掲載紙誌名[ ]
□書評・紹介記事……掲載紙誌名[ ]
□店頭で　□知人のすすめ　□弊社からの案内　□弊社ホームページ
□ネット書店［ ］　□その他[ ]

◆本書についてのご意見・ご感想
■定　価　□安い（満足）　□ほどほど　□高い（不満）
■カバーデザイン　□良い　□ふつう　□悪い・ふさわしくない
■内　容　□良い　□ふつう　□期待はずれ
■その他お気づきの点、ご質問、ご感想など、ご自由にお書き下さい。

◆本書をお買い上げの書店
［　市・区・町・村　書店　店］

◆今後どのような書籍をお望みですか？
今関心をお持ちのテーマ・人・ジャンル、また翻訳希望の本など、何でもお書き下さい。

◆ご購読紙　(1)朝日　(2)読売　(3)毎日　(4)日経　(5)その他[ 新聞]
◆定期ご購読の雑誌［ ］

ご協力ありがとうございました。

ご意見などを弊社ホームページなどでご紹介させていただくことがあります。　□諾　□否

◆ご 注 文 書◆　このハガキで弊社刊行物をご注文いただけます。
□ご指定の書店でお受取り……下欄に書店名と所在地域、わかれば電話番号をご記入下さい。
□代金引換郵便にてお受取り…送料＋手数料として500円かかります(表記ご住所宛のみ)。

| | |
|---|---|
| 書名 | 冊 |
| 書名 | 冊 |

| | |
|---|---|
| ご指定の書店・支店名 | 書店の所在地域<br>都・道　市・区<br>府・県　町・村 |
| | 書店の電話番号　(　　　) |

## ◉自分を掘りさげていき、自助グループと出会う

『酔うと化け物になる父がつらい』は読者からの反応がすごかったです。私は読者のみなさんの反応によって、自分の問題にも気づきだしました。みなさん長文で自分のことを語ってこられて。本の感想もくれるんだけれども、自分のうちの親はこうでしたとか、本当にもう物語みたいなもの、手紙がいっぱい送られてきて。それで私は、なんだか自分の体験がたいしたことないものと考えていたんですが、みなさんの、他者の体験を読んだときに、「なんでこの人は、生まれてきたことでこんな体験をして、罪を犯したわけでもないのに、こんなにつらく苦しんでいるのだろう。この人は何も悪くない」と悲しくなったときに、ひるがえって、「ああ、自分も悪くなかったんだな」と感じられました。

『酔うと化け物になる父がつらい』に続いて、『毒親サバイバル』というマンガを角川書店から出しました。私自身は「毒親」という言葉はあまり好きではなくて、担当さんが付けた言葉ではあるんですが、父と母の両方を念頭に置いています。一〇人ほどのアダルトチルドレンにインタビューして、心理士の信田さよ子先生にあとがきを書いていただきました。自分のことも最初に少しだけ描いています。

そのあとは二〇一九年に『生きやすい』、二〇二〇年に『生きやすい2』を秋田書店から出しま

した。軽く読めるようなもので、自分自身の生きづらさを描いたマンガで、この二冊は完全に自分だけの話を日常エッセイとして示しています。書名は「生きづらい」を反転させて、逆張りしたものです。担当さんが、ちょっと目立つようにと考えてくれました。「生きづらいんだけれども、ちょっとだけこうしたら生きやすくなるかな」「なんの解決もしていないんだけれども、気の持ちようみたいなものはあるよ」と。誌面とウェブの両方で連載していて、それをごちゃまぜにして最初の巻を出して、話が溜まったので『2』も出しました。一話で読み切りというごく軽い話を集めているので、六ページで終わる話もあれば、一二ページのときもあるという感じでした。

二〇二〇年には、秋田書店から『依存症ってなんですか？』という作品も出しました。これはインタビュー集なんですけれども、精神科の先生だったり、カウンセラーの先生だったりとか、あと、自助グループのAA（アルコホーリクス・アノニマス）にも行きました。断酒会という別の自助グループにも行きました。私自身が、父が依存症だと気づかないうちに父を亡くしてしまったので、自助グループから学ぶうちに、自分自身がイネイブラー（依存症者の身近にいて甘やかす人）だったんじゃないかと思って、苦悩したことがありました。それでちゃんと依存症のことを知ろうと思って、いろんな人に話を聞いて一冊にまとめた本です。

でもAAでは「ハイヤーパワー」や「神」を想像しながら回復していくという仕組みなので、自分だったら通えないなと思いました。やっぱりどうしても神は苦手だなと思ったんです。一神教的な神じゃなくて、なんでもいいんだよということももちろん言ってもらえたし、「神」というところを黒くマジックで塗りつぶして「天」に書き換えている人がいるよという話も聞いたので、「あ、そうか」とは思いましたけど、正直、「自分はちょっとな……」という気分でした。いずれにしても、自分はアルコール依存症では当事者の家族という立場ですから、AAではなくて、やはり自助グループのアラノンなどのことを調べました。でも夫が依存症だった場合、妻や子どもを守るためにとにかく離婚しましょうという流れが強くなってしまっているという話を聞きました。私は依存症の人たちと出会ってお話ししたりすることも多かったから、共感する気持ちがあって、離婚を推奨するのはどうかなという思いから、なんとなく、アダルトチルドレンや家族の自助グループには入りそびれてしまいました。

AAの人たちって、みんな楽しそうに笑うんですね。壮絶な人生を歩んでいるのに、そこでしかできない話をして、笑ってみんなで元気になっていくから、これってとても良いなと思ったんだけど、でも私自身は自分のつらさを打ちあけて笑いあえる相手なんて、一人もいなかったから、本当に打ちひしがれて、どうやって生きていけばいいかわからなくなってしまいました。それで、『毒親サバイバル』であとがきを書いていただいた経緯もあったので、信田さよ子先生のカウンセリングに行って、父のことをどうやって捉えたらいいのかという話から始めて、結局一年ぐらい通いましたね。

回数が多くなってくると、話題や問題点は少しずつ変わっていきました。私が、いまでも世界一愛している飼い犬が、いたずらをしたときに怒りの気持ちがすごく湧いてきて、でも、もちろん大きな声を出したり殴ったりしちゃいけないから、そうはしないんだけど、自分の中で怒りが湧いたということがショックだった、と信田先生に話したんです。「どうして愛している者に、私は怒るんだろうと思って、わけがわからなくなって」と言いました。そうしたら先生から「怒りは感じてもいいのよ」と言われて、「なんで怒っちゃいけないと思っているの？」と尋ねられたときに、ようやく母にそうしつけられたことを思い出せました。「あ、私の中にまだ宗教の教えが残っているんだ」という衝撃がありました。そのあたりから宗教2世の問題に関してはすごく考えるようになりました。いろんな2世さんと話をしたり、イベントに出たり、自分も主催したりするようになったのは、そこからです。

### ◉宗教2世のマンガをめぐって

宗教2世のマンガを描かせてもらえると思っていませんでした。宗教2世のイベントをネイキッドロフトというところでやったんです。ロフトのスタッフのかたと私が友だちだったので、話をしていたら、ロフトのスタッフにも創価の2世がいるから会わせたいって言ってくれたんです。それで、そのかたと会ったら、じゃあもういっそイベントをやりましょうということになって。そこにあとエホバの2世の詩人であるiidabii（イイダビー）さんというかたにも出ていただいて。

集英社の編集者がそのイベントを偶然に見てくれていました。そこで、これうちで描きませんか？　ということになりました。そうして宗教2世のみなさんにインタビューした『「神様」のいる家で育ちました～宗教2世な私たち～』が始まりました。そういう経緯があるから、最初の回は、一緒にイベントをやったiidabiiさんにインタビューして、エホバの証人にスポットを当てているんです。

連載では二回目が崇教眞光、三回目が統一教会、四回目がプロテスタントの一派、五回目では幸福の科学を扱いました。五回目の直後に幸福の科学からクレームを受けてしまって、編集者さんに頑張ってほしかったけど、あえなく打ち切りになりました。それでも「捨てる神あれば拾う神あり」で文藝春秋から単行本を出してくれることになったんです。文春は幸福の科学と以前から裁判をやっていて、改めて訴えられるのが怖くない。連載できなかった六回目は真如苑で、原稿はできていました。最後の七回目が私自身にスポットを当てた創価学会で、これで一冊になりました。

## ◉脱会と現在の思い

創価学会を正式に脱会したのは、じつは最近（二〇二一年）です。それまでは幽霊会員みたいな感じだったんです。それで、ずるずると訪問してくる人を拒みつづけてきたんです。

年の瀬に年末年始のご挨拶みたいな感じで、いつもの創価学会のかたたちが、うちにきたときに、私はもう宗教2世のイベントをやったりとかし始めていたので、これはもうきちんとけじめをつけようと思って、脱会したいんですということを言ったんです。そうしたら、中学生のときから四〇代後半まで一度も学会の活動に出てないから、向こうも覚悟はしていたというか、「ああ、残念ですけどそうですか」とおっしゃって。「じゃあ脱会届を持ってきますね」と言ってくれたんです。そんなことを言ったまま持ってこないんじゃないかと疑ってしまったのですが、数日後にちゃんと持ってきてくださいました。ほんとうは、その場で私にその届を書いてほしかったらしいんです。SNSにさらされるのは困るということかなと。だけど、ちょっと忙しかったので、私はその紙を受けとっておいて、あとから脱会届を書きました。後日、ご本尊をその方々に返して。その方々が受けとって、正式に脱会となりました。

学会のかたたちは、きちんと信仰のお手伝いができなくてごめんなさいって私に謝っていかれました。ですから、向こうは喧嘩腰とか嫌な感じじゃなくて、丁寧な人たちだったので私も丁寧にお返ししようと思って、そのご本尊に対して何の信仰もないけれども、捨てるとか破くとかいうことはせずに、彼女たちにとって大事なものであるなら私も大事に扱おうと思って、きれいに丸めてお返ししました。仏壇は粗大ごみで捨てましたけど（笑）。

宗教2世のみなさんと自助会をしたり、インタビューをしたりして思ったのは、いまはまったく公助がなくて、すべて自助に任されている状態だということです。政治がやってくれることは充分ではありません。ならば民間がまずは頑張ってやっていくしかないのかなという状況ですが、絶望の反面、頑張るぞという気持ちもあります。福祉職・心理職の人たちや精神科医といった、支援職の方々は、一度この宗教2世問題を知ってほしいなとは思います。宗教2世が置かれている現状について、新しい観点から見てほしいです。普通の親子関係の問題と混同されると、宗教2世の苦しみはなかなかわかってもらえないんじゃないかと思います。

私は、宗教2世のためのオープンチャットをＬＩＮＥで作っているのですが、やっぱり宗教に全然接点のない友だちが、「大丈夫なの？　宗教の人って怖いんじゃないの？」と心配してきたんです。宗教2世のことを、私自身は被害者だと思っているんですけれど、普通の人から見たら宗教1世も宗教2世も一緒なんだと実感しました。なんか知らないけどやばそうな人、怖そうな人、関わらないほうがいいよ、と世間は見ている。そこの誤解はなんとかして解いていきたいと思っています。

おまけ　マンガ
につづく！

怒るな
悪口言うなと
育てられた私ですが
菊池です
同時に
ほかの宗教は邪教と
教えられてきました
日蓮大聖人さまは
正しい教えを広めたのに
迫害されたの
だから
ほかのところは
みんな間違ってるんだよ
神社仏閣を
詣でてはいけない
メリークリスマスと
言ってはいけない
だから
小学生にして
やった
日本では
日蓮宗が
一番多い
うわ
キリスト教のせいで
世界は戦争だらけ
社会
みんな折伏して
世界中の人を
学会員に
しなくちゃ
らんらん

……
小学生に
なんてこと
思いこませたん
でしょうね……
最近
ほかの宗教の2世と
話をすると
私も
自分たちだけが
正しいって
言われてた
キリスト教も
悪くないけど
うちの教祖の方が
上だって
教義が
ツッコミだらけ
だった…
全員が
ひとつの教えで
まとまるよりも
みんな
バラバラなのに
平和な方が尊いと
今はわかる
自分の信念を
持つ前に
親の信仰を
おしつけられてしまった
宗教2世たち
最近だんだん
つながれて
何かが動きそうな予感
宗教とは縁遠く
生きてきた皆さんとも
つながれたら
とっても心強いです

# 第Ⅱ部

## 対談 各分野のプロフェッショナルはどう考えるか

第六章

# 末冨芳×横道誠

# 宗教2世問題をいかに世間、社会、支援者に知ってもらうか

——子ども政策を専門とする、末冨芳さんとの対談

## ◉子どもの貧困と宗教2世問題

**横道**　私の専門はドイツ文学で、福祉とか宗教の問題にはアマチュアとして関わっています。これは、自分自身がいろいろな当事者性を持っているということを踏まえた文学研究があり得ないかと、模索していることでもあります。発達障害者であるとか、宗教2世であるとか、そういうことを踏まえた従来の文献学とは異なる文学研究です。二年ぐらい前から各種の自助グループをやってきて、宗教2世に関するものもそのひとつです。私はエホバの証人の2世なんです。どういう話ができるのかまったく想像がつかないのですが、よろしくお願いします。

**末冨**　日本大学の末冨です。私は本来の専門は教育政策なのですが、内閣府の子どもの貧困対策の委員や「こども家庭庁」ですとか、あるいは「こども基本法」に関わったりしていて、広く子ども政策全般の専門家として取材を受けることも多いです。よろしくお願いいします。

まず山上容疑者のことがだんだんわかってくるにつれて、私自身はこの容疑者がここまで追い込まれてきたということに、とてもショックを受けました。なぜかというと、子どもの貧困対策というのは困難を抱える子どもや若者に対して、なるべく多くの支援を準備するということに重点が置かれてきたからです。宗教2世が置かれてきた状況は子どもの貧困そのものなのに見えていなかった。

たとえばなんですが、高等教育の無償化についていは、親に虐待を受けていて児相・警察に相談したり、学校の先生に相談したことがあったりというエビデンスがあって親と別居していれば、高等教育の無償化の対象になっているわけです。ですから、宗教2世のかたたちにしばしば「大学に進学させせない」とか、あるいは「親が献金してできない」といった実態があるときに、その仕組みを宗教2世の側に向けて開いていなかったというところに、まず研究者としての反省点があります。

もうひとつはそうしたことも含めて、子どもの貧困対策の支援団体はものすごく頑張ってきたつもりだったんですが、なぜ宗教2世に届かなかったんだろうというショックを関係者一同が受けました。他にも「学校の先生もあの子（山上容疑者）のことが、たぶん学校側から見えていて、なんで何もできなかったんだろう」という感想が私の教え子から来たりしました。さらに、スクールソーシャルワーカーの人たちも、こういう若者はとくに中高生段階だと見えやすいのですが、その時期に専門職としてカルト宗教のもたらす子ども若者自身へのつらさ・苦しさを発掘できていなかったというところを含めて、支援者として強い衝撃を受けたという状況があります。

そのうえで、いまから何ができるのかというところに向かいつつあると思っています。その間に宗教2世のかたたちが声を上げてくださっていて、ここまで閉ざされていた思いだとか、すごく大変な経験みたいなのが表出されているなかで、どっちにみんなで向かっていこうかというところが、私のいまの状況です。

**横道**　エホバの証人では、一般的に高等教育が推奨されていません。高等教育を受けると、真理に疑いが湧く、つまり自分たちの教義を否定することが危険性としてあるから、むべなるかなです。それに何よりも、世の中と関わることをおおむね否定しているので、お金稼ぎをするとか、それで社会的な充実感を得るとか、そういうことにうつつを抜かすのなら、ちゃんと伝道しなさいと、つまり布教しなさいと、そういう価値観でやっているので、高等教育の機会を得られなくて困っているという人が非常に多いという状況です。ですから、中卒や高卒になってしまって、脱会したあとも希望する職業に就けず、貧困に苦しむという問題が起こってしまいます。

エホバの証人では献金システムなんかはなくて、むしろそういった世間的な、あるいは他宗教的な拝金主義を「大いなるバビロン」などと呼んで、否定しているので、伝統的に正義の側の宗教と見なされることが多かったんです。ナチスからは殺戮《さつりく》の対象にもなって、ユダヤ人とか共産主義者と同じように強制収容所で殺されていました。それで基本的に善の側だというイメージがあったんですが、内情はドロドロです。財産を献金しなくても、奉仕時間のノルマがありますから、時間を献金しているとも言えて、毎月どのくらい布教に時間に時間を割くかということが、組織内での立場に反映されてくるので、結局、時間を大量に宗教に使いこむことになり、たとえば正社員は推奨されない、ということになります。で、パートなどで働いて、あまった時間はできるかぎり教団に尽くすようにという決まりです。

とはいえ、私の実家ではいま述べたことに当てはまらない面もあって、母親が信者だったのですが、彼女には学歴崇拝のようなものがあり、私を大学に行かせることには協力的でした。同じエホバの証人2世と話をしていても、生育環境の違いに驚くことがあります。たとえば小学生時代の私は毎日のように肉体的な暴力を受けていて、それが死にたくなるほど苦しかったのですが、人によってはそういうふうな感じではなかった、自分のところでは「ムチ」はそんなにひどくなかったと言うこともあって。不思議な感じがします。同じカルト宗教に入っていても親次第で細部がだいぶ異なってしまうわけです。私は暴力に関してはひどい目に遭ってきたのですが、教育に関しては、母親はむしろPTA的な価値観に染まっていて、私の中学時代にはPTAの会長もやっていました。教育に関しては、「エホバの証人的」ではなかったと思います。

エホバの証人というと、子どもたちが「ちっちゃなおとな」という印象の正装をして、家から家へと回っていく、つまり子どもたちの可愛らしさや無垢さを利用する勧誘スタイルで知られていますが、私自身はそれに参加させられたことがないんです。おそらく発達障害児だった私には、理想的な振るまいが困難だったからというのが理由のひとつでしょうし、私に学校の勉強をさせたかったからという理由もあったと思います。でも、自分と同級生だったり年齢が近かったりした2世たちが、そういうふうな布教に行っていることというか、行かされていることは重々承知していたので、そのような光景にはいつも居心地の悪い思いがしていました。いまでもそういう個別訪問の場面に出くわすと、つまり私の家に信者が布教に来ると、子どもの頃にタイムスリップしそうな気がして、恐ろしくなります。

父親は自営の電気工事業で家計は不安定、母親は宗教を優先して熱心に働かなかったから、貧困問題というのは私の家でも起こっていて、結局、大学生のときに家が破産をしてしまいました。二〇〇〇万円くらいの借金だったかな。私は大学に通っていましたが、大学の二年目から三年間と、そのあとの大学院の五年間、合計八年間は授業料を毎年全免してもらえて、ずっと払わずじまいでした。通っていた大学、大学院、そして国にその点でとても感謝しています。

## ◉山上容疑者の事件を受けて

**横道**　山上容疑者は、私と同世代で、私は一九七九年生まれなのですが、山上容疑者もその前後です、だから非常に考えこんでしまうところが、あります。大学生の頃は授業料を減免してもらって、奨学金を借りてひとり暮らしをして、博士課程では日本学術振興会から「特別研究員」に任命されて、毎月充分なお金をもらっている身分ではあったのですが、就職氷河期世代、ロスジェネですから、将来への不安感がものすごかったのです。日本の長い不況に合わせて、アカデミック・キャリアへのハードルも厳しくなっていましたから、自分の未来には悲観的で、運よく二九歳で母校に就職するまでは、生きた心地がしませんでした。ですから宗教2世かつロスジェネということで、山上容疑者には独特な思いがあります。その思いを共感や同情と言ってしまうと、犯罪者に、殺人犯になんていうことを言うんだとおっしゃる人も多いでしょうし、私も彼がやった殺人行為を正当化するつもりはまったくありませんが、彼の生い立ちや生きてきた時代を考えると、自分にも彼のような人生がありえたかもしれないと思ってしまいます。宗教2世の仲間と話していても、同じような思いを口にする人が多いです。「同情はできない、もちろん許せない悪いことをしたんだけれども、自分自身にすごく関係があると思えて仕方がない」と。

そういう背景があるので、私は今でも貧困問題が気になってしまいます。大学院を出たあと、早くに就職できて大学の教員になり、そのあとは貧困から解放されましたが、二〇代には親から経済的な支援を受けられず苦しかった。大学院生をやっていると、実家が太くないというのは将来設計ができないということなので、裕福な家庭環境で育った人が多い院生仲間たちをうらやましく感じました。実家に関していうと、かなり前から生活保護を受けています。

**末冨**　横道先生のご経験をうかがうと、子どもの貧困問題とは低所得だけの問題ではないということを改めて想起します。子どもの貧困については、「剝奪〈deprivation〉」という基準をいま国としても使っています。

子どもらしい生活だとか教育、進学機会等の保障もそうですけれども、ほかの日本社会で一般的に子どもや若者に認められているような子どもらしい生活が奪われている状態という意味で、子どもの貧困問題といえます。休日も宗教の儀式があって家族でお出かけできないなどが典型的ですね。教義ですとか、献金ですとかで、経済的に困窮に追い込まれやすいという状況は非常によく見えました。

宗教2世に対して、生活保護や教育の無償化も運用を改めていただけないかという相談を学生支援機構と文部科学省にしていかなくてはいけないと考えています。

ただ、やはりそのときに宗教じゃなくても貧困状態の家族というのは自分たちがこの仕組みを使えるんだということがなかなか伝わらないし、わからない実態があると思うんです。横道先生がご自身の経験で、たとえば、大学に行くのはお母さまの考えで行けたとしても、授業料免除もけっこう手続きが面倒だったりする中で、支援の仕組みにつながられた経緯だとかも重要だと思うんです。あるいはほかの宗教2世にとっても、こういうサポートがあれば相談できて、もしかして進学できたり、あるいは必要な支援につながれたりできたんじゃないかという経験はおありでしょうか。

## ◉親の問題をどうするか

横道　小学生の頃は、子どもらしい生活というのはやはり奪われがちでした。週に二回夜に、一回は昼に集会がありまして、夜の二回は近隣の「長老」の家に行きまして、昼の一回はやや遠い所まで行く、地区全体の集会を「王国会館」と呼ばれる建物でやっていました。かえすがえすも苦痛な日々でした。私は発達障害を持っているので、じっと座っていることが、ほかの子どもたち以上に大変でした。いまから思うと、母は私に発達障害があるから、それを矯正したくて宗教にのめりこんだという面もあるんじゃないかとは疑っています。エホバの証人は、多くの人にしっかりした良い印象を与える、いかにも上品な家庭の人のような身のこなしをしますから、そういうふうな感じに自分の子どもがなってほしいとの思いでやっていたというのはあると思います。発達障害というのは死ぬまで治らないものなので、まったく意味はなかったと思うのですが。発達障害者支援法の制定は二〇〇五年、私が大学院生のときで、小学生の頃は、発達障害は社会的にほとんど認知されていなかったので、そういう事情を背景とした悲劇という面もあったんだなと思います。

教育の無償化に関して、子どもたちのために、心から期待しています。小さい頃から家の経済状況が不安定だったので、何かに関して、「それはお金が出せない」ということで諦める、ということは非常に多くありました。高校受験でも大学受験でも私立は受けたことがなくて、私立に行ける可能性はなかったわけですが、それで受験シーズンにはかなり圧迫感がありました。私は小学校のときまで信仰を捨てましたが、そのあとも親と同居していた一九歳までは母親のルールで家庭が回っていましたから、実質的にエホバに支配されていました。そしてその母は、働いていまの生活が楽になるよりも、宗教に尽くすことによって永遠の命をもらうということが大事なんだという信念でいましたから、全体的に家庭生活が狂っていたと思います。カルト宗教にありがちな発想ですが、「いま短い時間ちょっと楽になるよりも、もっと長い目で見て深く楽になる方向を選ぶ」、つまり現在の生活を犠牲にして未来の「永遠の命」のために宗教にのめりこむ、ということになるわけです。

毎年の授業料減免の手続きにも苦労して、父親は宗教に入信していなかったものの、役所に出す書類をごまかしたりしていたので、家計の実態と書類の辻褄《つじつま》が合わなくなり、大学での手続きをするときには非常に困ったというか、苦心しました。学生なのにサラ金を利用しようとしたこともあります。結局、返せるアテを説明できずに、貸してもらえず、いまから考えればかえって良かったのですが。

ですから宗教2世の問題は、一方ではカルトの問題ではあるんですけど、一方では家庭の問題、と親子の問題が絡まっている、つまり「アダルトチルドレン」とか「毒親」といったキーワードが絡まってくる側面もあると思います。カルト宗教がいちばんの問題だとしても、教団と2世の「媒介項」としての親というややこしいファクターのために、問題が複雑化しているのは確かだと思います。ですから、宗教2世へのサポートという問題についても、カルトの問題の解決も重要ですが、親の問題をどうするかということに焦点を当てると、効果的ではないかと推測します。

## ◉宗教はアディクションなのか

**末冨**　はい。ありがとうございます。宗教2世の問題をどうやっていまある法制のもとで、まず応急手当していくか。将来的には、やはりもう少し体系だった立法も必要なんじゃないかと思ってはいるんです。たとえばなんですけれども、宗教も一種のアディクションという捉え方もできます。信者のかたからは違和感もあるでしょうが、研究者としてはそのようにも捉えられると考えています。いかに世間や社会、支援者に、宗教2世の問題を認知してもらうかというときに、保護者がアルコール依存だったりドラッグ依存だったりだと、当たり前なんですが、認知されやすいという状況も考慮に入れないといけない。何かあったときに警察も動きますし。そういう意味で社会的に認知されていて法制が整備されているようなドラッグやアルコールなどのアディクションに比べて、宗教はその次元にはまだ至っていないというふうに捉えています。

今回の件で宗教の、特に統一教会の教義のようなところに議論が行きがちなんですが、ほかの宗教の2世の問題を考えたときにも、親が宗教に依存するわけじゃないですか。そのときにそれによって家族の生活、特に子どもの生活が壊されていくというところに焦点を向けるほうが、問題を改善するための、政府の具体策には結びつきやすいかなと思っているんです。公明党の方針も大切です。じつはこの人たちも信仰を持っている人たちだから、この問題をどう整理していこうかという悩みをお持ちだと考えています。

ただ、話を元に戻すと、具体的に統一教会の問題や宗教2世の問題が広く世に知られることになったけれども、親の信仰で苦しんできている人たちへの支援を考えるときに、宗教というのを社会課題として考えるならば、おそらくアディクションの問題にもなると考えられます。宗教に依存して過度の献金だったり、ワークライフバランスというか、宗教ライフバランスみたいなものを崩したりすると、その結果、資本主義社会である我が国の中での社会生活が営めないことによって、子どもたちに起きる被害があるという整理の仕方をしています。

ですから、単純に言うと一次的被害と二次的被害という整理になるんですよね。一次的被害というのは親が宗教にお金を巻き上げられるだとか、時間もそうですよね、過度に献身させられるということが一次的被害として捉えられるとして、2世の問題というのはそれによって起きる、子どもたち自身の剥奪〈deprivation〉の問題であると整理していくと、たとえば官僚がこの宗教2世問題についてどういう法律を書くんだろうかという目線だとか、どういう名目でどういう予算をつけるんだろうかという視点からは整理されやすいのではないかと捉えています。

ある程度そこまでのお膳立てを国にしてもらわなくてはいけなくて、そのロジックをいかに作るか、そして、それをどうやって政治家や官僚に納得させるかというところが私の専門性が活かせる部分です。ですから、宗教をいかにいまある社会問題の枠組みで捉えるか――たとえば依存症の問題であるとか、あるいは子どもの貧困の問題でもあるみたいに――いまあるコンテクストの中でこういうふうな特徴があるんです、という言い方をしていくことが大事かなと思ってます。

**横道**　そうですね、宗教はアディクションというのは私は個人的には納得できます。私の本『唯が行く!』では、自助グループのアルコホーリクス・アノニマス（AA）で、アルコール依存症の患者たちが、「神」や「ハイヤーパワー」と呼ばれるものを自分なりに設定して回復しているというモデルを取る理由は、簡単に言えば「酒から神への依存先の振り替えだ」と解説しました。

また発達障害者として思うのですが、発達障害のある人は、アディクションにハマりやすいんですね。脳のいわゆる報酬系が多くの人とは違っているということが言われていて、なかなか快感というのを感じにくいと。快感を感じて気持ち良くなるために、平均以上にのめりこんでしまって、気がつかないうちに依存症になっているわけです。私にもアルコール依存の傾向があって、大事《おおごと》になる前になんとかしようと思って、京都で有名な依存症専門のクリニックに通っているのですが、主治医によると、アディクションの患者というのは結局のところ、発達障害の人かAC、つまりアダルトチルドレンか、そのどちらかがほとんどなんだそうです。

　そしてアダルトチルドレンの人たち、つまり機能不全家族の出身者も、その精神状況は「発達性トラウマ障害」なんじゃないかという指摘があります。発達障害というのは生まれつきのものなのですが、そういう生まれつきの障害ではなくて、生育過程で虐待なんかを受けることによって発達障害っぽい感じになっている、それがACではないかという見解があって、その点では宗教2世なんかも同一の傾向があるはずです。宗教2世も「機能不全家族の出身者」だからです。

　だから発達障害者のように、自閉スペクトラム症で「こだわり」が強いとか、ADHDの衝動性や注意欠如というものがきれいに現れているわけではないですが、宗教2世を見ていると、アダルトチルドレンと同様に、どことなく発達障害に通じるニュアンスを帯びている人が多いような気がします。

　宗教2世の親たち、つまり宗教1世が宗教にアディクト（嗜癖《しへき》）しているという考え方は、私は賛成です。ただ、宗教はアディクションなんだというのは、それこそかつてのマルクスの「宗教はアヘンである」という考えのままになってしまうので、共産主義の国では実際にキリスト教などの伝統宗教は弾圧されたりしていたので、いまこの考えを打ちだしても、ウケが悪そうかとは思うんですけれども。

　他方、発達障害にきわめて造詣の深い心理士の村中直人さんが、『〈叱る依存〉がとまらない』という本を出していて、かなり評判になったのですが、「叱る」という行為には立場が上の人が下の人に向かってやるパターンしかなく、その構造ではアディクションが起こっていると論じています。頭のなかで快楽物質のドーパミンがドパドパ出るから、自分の内面では大興奮しているんだけど、叱られたほうではひたすら苦痛なだけで、なんの効果もなく、その人の失敗などが改善されたりはしないと説かれています。

アディクションの分野で、いま特に知名度がある人と言うと、松本俊彦先生だと思うんですけど、村中直人さんと対談して、その対談のなかで「叱る依存」というのも確かにあるかもしれないなとおっしゃっていたので、依存症の問題、アディクションの問題というのを、より広く捉えていく、宗教にまで広げて考えていくということには、大いに意味があることだと思います。

## ◉宗教リテラシー教育について

**横道**　話は変わりますが、私自身は宗教リテラシー教育に関する宗教2世界隈の意見を、私がやっている自助グループで教えてもらって、とても惹かれました。神道のいろいろな教義、たとえば『古事記』に書かれている「国生み」でも何でもいいですが、仏教の「罪を犯して死ねば地獄に落ちる」とか「五六億七千万年後に弥勒菩薩に衆生が救われる」という約束にしても、キリスト教の十字架で神の子が人類の罪を贖《あがな》うために死んで、将来的には復活してサタンの軍勢を倒して、善人はみな「千年王国」に行けるとか、そういうのにしても、時代や地域が違ったらカルトに見えると思うんですね。

だから私は、宗教というのはそれぞれにカルト性があると思っているんです。ではなんで多くの宗教団体がカルト集団じゃないと言えるかと考えると、伝統的な宗教は現在の私たちの日常生活を破壊する方向に向かっていないから、私たちの大切な日常生活と調和するように努力をしているから、それでカルトではないということだと思うんです。

一方で、そういう「とりあえず安心」な宗教たちでも、やはり一定のカルト性はあると私は思っていて、さっき言ったような、二一世紀の平均的な日本人からすると、どの宗教も特殊で標準的とは言えない考え方を伝えてしまっていると思うので、そういうものを未成年に教えるのは、おかしいんじゃないかと考えてしまうのです。そんなことを言う人が宗教2世界隈でもやはり増えつつあって、宗教を18禁、十八歳未満禁止の取り扱いにしてはどうかと言うんですね。一八歳で成人するまでは、学校教育の場で各宗教を公平に教えることにして、成人したら、自分の意思で選んでもらったり、もちろん選ばなくてもOKだったりというふうにするのがいいんじゃないかというアイデアです。これは非常に先進的というか、未来主義的、あるいはユートピア思想的な考え方で、宗教界はいっさい賛成しないに決まっていますが、私は熱烈に支持したいのです。

**末冨**　なるほど。宗教は大衆のアヘンであるみたいな言い方も本質は突いているのですが、やはり現実社会、私の家も仏教の西本願寺系の檀家総代を祖父の代からつとめてきたので、お寺さんにはそこそこ献金しています。ただ、やはり社会生活の中での宗教をもう少しフラットに、あるいは客観的に語るようなこと、それを当たり前にしていくということが大事かなと思っています。すでに宗教社会学では当たり前のアプローチではありますが。

この件では、公明党はおそらくカルトと自分たちを差異化するほうに、進まれるのではないかと予測しています。公明党だって戦後しばらくは相当激しい活動を展開していたわけですよ。そうした時代から、日本社会のなかに定着しなければならないということで、いまは穏健化していますよね。やはり社会生活と両立可能な信仰というのが大事になります。

私が統一教会について否定的に捉えているのは、日本国憲法の精神というのをまったく尊重していないからです。我が国が宗教法人を認可する際には、当たり前なんですが法治国家の建前として、「あなたたちは我が国の憲法や国内法を遵守するよね」といった暗黙の前提があるわけです。ところが、信者の基本的な人権というのを認めていないどころか、むしろ教義によって剝奪していますよね。たとえば、合同結婚式とかまさにそうです。明らかに我が国の女性たちを洗脳して他国に行かせていると。そこに両性の合意だとか自由意志は確認できません。そういう法治国家のルールのなかでの宗教の位置づけだったり、これだったら容認できないと、ある程度の基準を作っていかないと、やはり行政も対応できないはずです。

そしてその基準を作ること自体がなんらかの立法行為なり、あるいは宗教法人法に付随した規則等を作るなり、通知を出すなり、具体的の行為になってくると思うんです。

なので、いまのお話を聞いていて思ったのはやはり宗教教育にいま、2世のみなさんがお考えを持っていらっしゃるので、社会生活と宗教を両立させていくためには、一八歳成年というものを意識して、その前後で、自分と信仰の向き合い方みたいなものに考えを深めるような授業も必要だろうと思っています。むしろいまの教育基本法上それは否定されていない、宗教に関して教養を深めるための授業というのは否定されていないわけなので、これを機会に取りくんだほうがいいかなと。

いまのままだと学校教育のなかでは、宗教に関する教育は、おそらく消費者教育にいってしまうと思います。高額献金はしないようにしましょう、などになるので。むしろ主権者教育だとか、大人になっていくため、シチズンシップ教育のところで、あなたの家族が信仰を持っていて熱心だったとしても、でも、あなた自身が信仰は選べるんだという、信仰を選んでいいというメッセージもあることは子どもの権利の視点からもとても大事だと思います。そのときに、カルト宗教上の理由で断食や体罰をしたら、それを学校が発見したら、児童相談所（以下、児相）に通報しますという方針を徹底していくことも重要だと考えます。

宗教が理由の虐待の場合には、学校も及び腰の場合もありますが、宗教の教義と我が国の法令上触れてしまうものについても子どもたちにも教えなければならないし、それは宗教法人側にも認識してもらわないと、「あなたたちの信者のあいだにトラブルを増やして、どんどんこの国の社会と乖離していってしまうだけだよ」という線引きとメッセージがいるかなとは思っています。

## ◉宗教と社会生活

**末冨**　横道先生にお聞きしたいのは、社会生活との乖離といったときに、どのあたりが特に宗教2世のかたたちが苦しい思いをしておられるのか。あるいはほかの子どもとの距離を感じるときもあると思うんですが、子どもの目線から見てどのような線引きをしていくといいとお考えですか。特にそれは大人、教員だとかカウンセラー、ソーシャルワーカーが問題発見して、なんらかのサポートをしていくというようなことにもつながると思います。

**横道**　そうですね、公明党とか創価学会の話をどこまで書くのかって、いろいろな出版社がいま宗教2世に関する本を準備していますけど、なかなか悩ましいところかとは思います。

最近、公明党のリーダーの山口那津男さんが、統一教会問題に関して、「宗教一般と区別を」なんて言っていました、「カルトと宗教は違うんだ」ということで、つまり自分のところに飛び火するのを警戒しているわけですよね。なんですけど、この発言のあとに宗教2世界隈で非常に盛んだったのが、「いや、私は創価学会の2世だけど、3世だけど、4世だけど、この宗教はカルトだと思っています」というような声が非常に出てきまして。実際、私の自助グループに宗教被害の相談をしに来る人で、いちばん多いのはエホバの証人なんですけど、二番目は統一教会か創価学会だというのが実情です。長年与党になっている政党の支持母体なのに、難しい問題だなと感じています。よく指摘される通り、欧米では創価学会もカルトに指定されたことがあります。

統一教会に話を移しますが、統一教会が日本国憲法を尊重していないというのは、まったく同感するところで、さっきも言った通り、私はカルトを社会生活への破壊度から定義したいのですが、たとえばエホバの証人は、私から見ても統一教会や、かつてのオウム真理教よりも、カルト性が低い宗教ではあると思っています。ただ、有名な話ですが、学校教育でも参加できない行事や種目があるんです。格闘技というのは人を攻撃するから駄目だと。柔道は駄目、騎馬戦も戦闘行為だから駄目となる。エホバの証人は良心的兵役拒否もルールにしています。戦争に参加してはいけないのです。それ自体はとても良いことかもしれなくて、そういうこともあってナチスの時代に弾圧の対象になってしまったんですが、負の問題としては、そのような厳しい規律によって、一般的な社会活動への参加ができないということですね。子どもは学校で奇異の目で見られ、いじめに遭う可能性が高くなります。いじめる側が悪いのはたしかですが、子どもをそのような状況に置かないように教団も配慮をするべきです。これが線引きの問題についての私の回答です。

これも一般的な社会活動への参加ができないという事例のひとつですが、選挙に行って投票をしてはいけない、という規範もあります。「世の人」と積極的に交流してはいけないというルールと絡まるようにして、「事物の体制」を応援してはいけないとされていて、特定の政党を支持してはいけない。投票に行かないこと自体は、自由と言えば自由なんですが、それを実質的に強制している点で、やはりこの教団はカルトだということが明らかです。私たちの国の一般的なルールとは相いれない教義を持ち込んできて、教団が言っているから信者はみんなそうする、というのは危険なことだと思います。これも教団は改める必要があるはずです。

一〇年と少し前に、村上春樹の『1Q84』という小説が社会現象になりましたけれども、そのなかでは、オウム真理教とか、ヤマギシ会とか、エホバの証人などをモデルにしてカルト問題が扱われていて、エホバの証人をモデルにした「証人会」の輸血禁止なんかはドグマ的でカルト性が高いと語られていました。私も同感です。この教団は、古代イスラエル社会を理想にしているので、聖書に書いてあることをそのまま守ろうとする。いわゆる原理主義です。それで他者の血を体のなかに取りこんではいけないと教える、そんなのがあるので輸血ができないことになっているわけなんですけれども。以前、エホバの証人に関する論文というのはどのくらいあるのかと思って検索をしたら、びっくりするぐらい医学の論文ばっかりでした。医師たちが、エホバの証人の患者の意向に従って、どうやって輸血をせずに手術ができるかということを検討しているんです。それに引き換え、エホバの証人の社会的な問題というのは控えめにしか研究されてこなかったようで、なんだか呆然としてしまいました。この状況は、今年（二〇二二年）に刊行された山口瑞穂さんの『近現代日本とエホバの証人』（法藏館）でだいぶ改善されたと思いますけども。

原理主義、つまり時代も地域も違う場所で成立した聖典の内容をそのまま遵守するというのが、危険だと思います。しかも、聖書に書いていることでも実際には守っていないことも多いんです。だって古代イスラエルの規範ですから、現代の資本主義社会ですべて守るということは不可能なわけで。本来ならばウロコのない魚介類は、古代イスラエルで禁忌だったので、イカやタコや貝類やウナギなんかも食べられなくなる。でも、エホバの証人はいろんな言い訳をでっちあげて、そういったものを食べています。

それから血を取りこんではいけないというけど、母乳というのは母親の血がもとになっています。しかしエホバの証人は、母乳を与えて子どもを育てることを当たり前のようにやっている。いろいろな矛盾があるんですけど、どんどん聖書の解釈を変えて、教義もいじって、アメリカ本部の中枢にあるグループの「統治体」がヴァージョンアップしていく教義を盲目的に信仰している。エホバの証人はしゃべり方も物腰も丁寧で上品な人が多いですが、危険だと思います。すみません、ちょっと当事者としての私自身の思いの丈《たけ》を話しすぎたかもしれません。

## ◉宗教弾圧への不安

**末冨**　なるほど。現在の日本は宗教弾圧をする国ではないですが、若者たちのネット言説で、あまりよくないなと思っているのが、「宗教やばい」という雰囲気です。我が家でも子どもたちに「それが差別につながるんだよ」「うちだって仏教だし、神社も行くでしょ」「それはべつにやばくない」という会話もありました。ただ、やはりエホバだとか旧統一教会だとか、幸福の科学もそうですけど、名前が知られているカルト宗教に対してイコール（＝）やばいみたいなイメージになっていきかねないことを懸念しています。少なくとも統一教会についてはそうなりつつあることは心配していて。もう少し信仰、個人の信仰のことと、社会生活だとか、特に子どもとの関係というものはやはり線引きをしていくとともに、信教による差別をなくすようリテラシーを高める必要があると思います。

先ほどおっしゃった輸血問題については、学会からガイドラインが出ていて、親が拒否した場合には児相が親権を一時停止して輸血をする方針になっています。輸血問題に特化すれば、子どもの命を救うという局面においては、もう親子関係は分離されているわけです。

ですからこの問題を考えていくときには、親と子の信仰の自由の分離を、当事者のかたたちは求めておられる状況を直視する必要があります。親が子の信仰の自由や脱会を認めないときに、いまある法の制度でいえば、やはり児相の介入になります。親の親権を停止し、社会的養護の仕組みで保護していくというプロセスに乗ることになるんです。だから、どのフェーズで、どのように介入していくかということを具体的に検討しなければならない。

児相保護になるというのはよほど悪質な場合で、横道先生も継続的に体罰を受けておられたんだったら、もしかしたら相談したら保護されたのかもしれないと、お話を聞いていて思ったのですが。対応が難しいのが恋愛の禁止だとか、あるいは教団の行事に連れて行くことが、子どもが嫌だって言っても、でも子どもを一人で家に残しては行けないと親が主張したときです。たとえば王国会館に行くのは親の監護権なんだという主張をされたときの親子間の調停の仕方、子どもは王国会館に行かなくていいよということを誰がどういうふうに親と調整していくかという仕組みの整備こそ、いまからなんですよね。

子どもの貧困対策というのは、つねに子どものウェルビーイングを改善するということを目標にしているのですが、その視点からは子ども自身が親の信仰によって苦しまなくて済むかというところを考えるので、社会生活と宗教が軋轢《あつれき》を起こしている部分をやはり事細かに洗いだして、子どもが苦しむこの部分はこういうふうに調停していくという手続きの具体化が必要になります。

事細かにと言いましたが、精神的な虐待ですね、恋愛禁止だとかをどのように扱うのか。私も統一教会の2世のかたのお話を聞きましたけど、学校にいるほかの子たちはサタンなんだみたいなことを言われていて、友だちができなかったとか。そういう明確な虐待ではないにしても、子ども自身に著しく不利益を及ぼすような言動というものがグレーゾーンとしてどういうふうに線引きできるかというようなこともここからの課題かなと思っています。

**横道**　そうですね、宗教弾圧への不安も、宗教2世たちは山上容疑者の事件の当日から話題にしていて、世間の目が怖い、世間が2世たちのバッシングにいくんじゃないかと恐れている人はたくさんいました。ですから、世間の側にも宗教について基本的なことを学んでほしいという思いはあります。そのためにも宗教リテラシー教育が必要かもしれません。

事件が起こった日、当日のうちに、宗教関係の怨恨が容疑者の背景にあるらしい、ということが報道されました。私はツイッターのアカウントは一〇個以上持っているのですが、どのアカウントを見ても宗教の話ばっかりになって、それがまずは驚きでした。宗教2世界隈も、ふだん宗教の話ばかりしているわけではありませんから。いろんな人が大騒ぎをしていたのですが、宗教2世の人たちは、騒いでいる人もいる一方で、むしろじーっと、ハリネズミのようになって自分の身を守るみたいに、世間がどう動くかということを、探るように構えている人が多かったんです。大騒ぎをする人もたくさんいましたが、彼らもパニック状態になっていたからで、他人事として向きあっていたわけではない。そして猜疑心を持って人間不信を深めている人も多いという、その独特の雰囲気が何日間も続いたのが印象に残っています。結局、宗教2世たちが世間の反応を予想して怯《おび》えていたということだったと思います。

児相が輸血に関してそうした判断をするということは、たもさんというエホバの証人2世が描いたエッセイマンガでも少し触れられていたと記憶するのですが、私は知識不足のままだったので、勉強になりました。私の人生にも児相が介入してくれたかもしれないという問題についてですが、私が小学生だったときに、そこまで知恵が回らなかったのは残念です。ただ、実際に相談した宗教2世のあいだでは、児相はきわめて評判が悪いところで、相談をしたんだけど宗教絡みということで断られたという人を何人も知っています。だからそのような状況が、今回の事件をきっかけとして変わっていくんだったら、非常に素晴らしいことだなと思っていて、それで期待をしています。

「ウェルビーイング」という言葉が出ましたが、この数年間非常によく耳にするようになった言葉で、私も注目していました。結局、好ましい仕方で生存していけること、人生を楽しんでいけること、というふうなことが人間にとっていちばん大事なことだというふうな認識が多くの人に共有されてきたのは、素晴らしい動向だと思います。とはいえ、そのウェルビーイングが実現できないという人が多くて、そういう人が結局、「これを信じれば、いまの人生がしんどくても、最終的には楽園に行ける」とか、「今回の人生では苦しい状況にあっても、生まれ変わったあとでは永遠の命がもらえる」とか言われて、「最後にはあなたがその勝ち組の側に回るんだよ」と選民思想を植えつけられて、その希望に全人生が巻きこまれていくという仕組みがあります。世の中でどの人も負け組にならずに、すべての人がウェルビーイングを享受できるということはなさそうに思うので、宗教問題はそれを救う、あるいは救うと見せかける、普遍性の高い問題だと私は思います。

## ◉子ども自身の幸せのために

**末冨**　そうですね。少なくとも近代国家自体がある程度、宗教と決別する歴史のなかでできてきたという、そのあたりからの話にはなるわけですが。

近代国家が宗教と決別するというのは、親がどんな教義を持っていても、子ども自身が幸せになれるということを肯定するのが民主主義の大事なルールなんですよね。そのルールを持ってこの社会の秩序が維持されているのだとすれば、やはりそれに反する教義を持つ教団のなかで成長してきた子どもたちに対しては、改めて民主主義のルールだったり、法治国家のルールだったりをもって関わらなければならないと。

我が国には信教の自由を定めた憲法はあります。親自身の信仰というのは憲法上保護されている権利や自由なので、政府といえども手は出せません。ある意味そこは神聖不可侵なものなんですよ、憲法上。

しかし、子ども自身の信教の自由だったり、子ども自身のウェルビーイングだったりについては、特に私自身はこども基本法の成立に相当精力を傾けてきたのは、まさにこういう事態のためだと考えています。子ども自身の最善の利益が優先して考慮されるという、こども基本法の規定を実現していくべきだと考えています。こども家庭庁設置法にも同じ規定がありますが、親との幸せの方向が一緒じゃないときにまず子ども自身の幸せのために大人が動くのが大事なルールなんだ、というところをいかに実現するかということです。

児相の話が出ましたが、いまの日本の児童福祉法、児童虐待防止法のスキームでは、たしかに宗教の問題は踏み込めないんです。なので、逆にいうと相談できることのひとつに、「宗教」と書けないんですよね、やはり信教の自由があるので。

なので、カルトの定義をどうつけるか、それが先ほどから申し上げている社会生活に支障をきたす、特に子ども自身の社会生活に支障をきたして、子どもとしての権利や利益が侵害されているという状況をどう定義するかというところが、重要です。

山上容疑者のことがわかってくるにつれて、私も児相の関係者だとか、あるいは何人かの政治家とお話していますけれども、最初は「立法が難しい」だったのが、「子ども自身の最善の利益をどう実現するか」と限定して話をしていくと、「やはり何らかの取りくみが必要」と変化してきています。

## ◉早急な相談体制の充実を

**横道**　先生のお話を聞くなかで、親の問題と子ども自身の問題をきちんと線引きして分けて、それぞれのまたさらに細かい問題を分析して、一個一個対応していくことが重要だと、学ばせていただいたことに感謝しています。このあたりの問題で、ほかにぜひ言っておきたいというトピックはあるでしょうか。

**末冨**　私が気になっているのは、児相に相談したとしてもおそらく保護はしてくれるし、進学の支援もしてくれるのですが、やはり年齢が上がった宗教2世の成長を支える相談体制がないといけないのではと思います。いまも、ツイッターがその役目を果たしているとおっしゃるかたは多いんですが。DV支援と同じように相談支援体制の充実は必要でしょう。

児相や教育の無償化につながれても、宗教2世の気持ちのよりどころというのが、信仰を持つ家庭で育っているぶん、別に必要になると思っています。

というのは、周りの人間がサタンだとか言われて、幼い頃から育って、それで学校で友だちを作ろうと思っても、私にはわからない心細さもあるのかもしれません。教義によっては友だちすら作るのが怖いみたいな状況に当事者を陥らせかねないと、統一教会の問題を見ていて思いますし、あるいはこの社会への考え方も含めて、宗教2世自身が「いま幸せになっていいんだよ」というところから、始めないといけない人もいるでしょう。

自分が幸せになることを考えられない、考えようとしてもうまくいかない、そうした虐待被害者にも通底する問題と、あとは宗教の価値観の問題とがふたつあると考えています。宗教2世の相談支援に対して公的助成が下りて、そこで専門性を持ったかたたち、顧問の弁護士が雇えるとか、あるいは当事者、専門性を持つカウンセラーがいて相談に乗ってもらえるだとかも含めて、継続的な体制を作っていくところに出口を設定していかなくてはいけないかなと思っています。

横道先生のご活動をされているなかで、そうしたことに対して当事者の意識がいまあるのか、あるいはここから、当事者を継続支援していくみたいな、あるいはお互いにサポートしていくんだという認識は宗教2世たちのあいだで、いま広がっているのか、あるいはこれからのことなのか。そのあたりはいかがでしょう。

**横道**　そうですね。宗教によって支配されているなかで、いま幸せになるということに焦点を当てればいいという問題ですけど、親からすると、統一教会とかエホバの証人では、それは結局サタンの罠だとかそんな話になってしまいます。今回の本で、祝福2世の人（ぷるもさん）にインタビューをしたのですが、自由恋愛をする道を選んだり、教義から離れたりすることは、先祖代々まで地獄に落ちるんだということを教えこんだりしているので、親が必死になって「堕落」を止めるんです。「神の子」として生まれてきた祝福2世なのに、悪の道に入ることによって一族の歴史がすべてが駄目になってしまうとか、そういうふうに言われてマインドコントロールされますから、じつに生きづらい人生になってしまう。

ほかの宗教でも、統一教会ほどではなくても、似たような脅迫をしている事例はいろいろとあるはずです。現世的な幸せをつかむことによって邪悪な側、スターウォーズ風に言えば「ダークサイド」に入ってしまうという考え方。親がいままでやってきたことを全部ムダにする行いなんだと子どもを脅して、子どもの現世での幸せを邪魔する構図になっていて、こういうふうなことが人権侵害なんだということが、もっと共有されてほしいなと思います。

宗教というものを大義名分とした子どもの人権侵害があるということ。子どもの「信教の自由」が侵害されているということが、広く理解されていないんです。「信教の自由があるから介入できなくて」と児相の担当者、カウンセラー、マスコミ関係者が言ったりしますけれども、子どもをどういう宗教に染めるかというのも親の「信教の自由」の一部だと思われているわけなんですよね。これがまず非常にグロテスクというかあり得ないことで、そこから変えていかなければいけないと思います。この考え方を突きつめていけば、さっき私が言った宗教リテラシー教育の考え方というか、外発された、あるいは内発を装われた「未成年の信仰活動」がおかしいという話にもつながっていくわけなんですけれど。

現在の宗教2世の支援体制というものは、自助と共助ぐらいしかなくて、共助にしても貧弱なわけです。さっきツイッターのお話がありましたけれども、おっしゃるとおりで、ツイッターでつぶやいて、2世仲間と交流することが、私たちの取りあえずの自助活動を支えています。私のように自助グループを開いて相談しあうと共助ですよね。それに対して公助というものが非常に弱くて、ほぼ何もない。

菅義偉元首相が、「自助・公助・共助」をスローガンにして、「まずは自助から」と言っていましたが、それだと私たちはもう税金を払いたくない。「公助・共助・自助」、つまり「まずは公助から」が当たり前なはずです。公助を設定してそれでも足りないから共助というものがあって、それでも足りないから自助というものがあると、そういうふうにしていかないといけない状況です。

多くの問題では、そういうふうに整備されているのではないでしょうか。たとえばDVの問題であるとか、発達障害の問題であるとか、専門的な機関なんかがあって公助があると。もちろん、それでもぜんぜん足りなくて、苦しんでいる人がいるから自助や共助が働くというふうになっています。宗教2世問題にはそういう仕組みが現状では皆無。

ピアサポーターがあっちこっちで活動していて、相談窓口をLINEのオープンチャットで設けていたりとか、私のようにオンラインの会合を開いたりとかしているのですが、あまりに多くの人が泣きついてくるので、パンクしてしまいます。どこでも助けてもらえなかったのに、仲間すら助けてくれないという事態になってしまうと、もはやその人は絶望して、そのあとどうなるかわからないという危機的状況が発生します。

ですから、子どもの貧困問題というところに焦点を当てると取りあげてもらいやすいということはわかるのですが、そしてそれはものすごく大切ではありますが、もっと包括的な対処が必要かなと思います。マスコミではしょっちゅうフランスの反セクト法が話題になっていて、そういうものが必要なんじゃないかといろんな日本人が声をあげていますけれども、今後はどうなるのか。公明党が与党にいるので、宗教の制限というふうなものに関しては、非常に理解がないのではないかと不安になります。

## ◉目指すべきゴール

**末冨**　ありがとうございます。この問題について支援の動きをブロックしようとすると、自民党も公明党も批判が多くなることは、さすがにお気づきなので、やはり、法治国家のルールのもとでは線引きの仕方なんですよね。何をカルトと定義し、子どもたちの信教の自由を認める前提で、制度や政策を改善していくのか。そのうえで、カルト宗教の場合になりますが、それをいかに親子の調整だったり、あるいは継続的な支援体制が構築されなければなりません。

DV被害者も最初から公助があったわけではありません。社会的な問題として認知されてきて、ようやく公的な支援に至っている。ちなみに、離婚の面会交流の場合にはまだそこまで行ってなくて、第三者の立ち合いなしには会わせられない家族もいるときには、いま有料サービスが大半で、アクセスできる親子が限定されています。ですから、まだここから公助の仕組みにしていかないといけない状況です。

宗教2世の問題こそ、公助でサポートしていかないと、おそらく継続的な相談支援体制が立ちあがれないということだとは思います。宗教2世の推定人口というのは何万人ぐらいいらっしゃいますか。

**横道**　宗教2世のということですよね。それが全然わからないのです。何かの本で一九九〇年前後には、日本人で宗教問題に関わっている人は一割から三割いるというようなデータを見たことがあります。七〇年代から九〇年代にかけて、世紀の終わりが近づいているということで終末論が流行ったので、八〇年代頃に「新興宗教ブーム」というのがあったんですね。新宗教が八〇年代にはポップなものとして受け入れられていて、オウム真理教や幸福の科学が、新しい価値観を作る存在として、好意的に取りあげるメディアも多かったとか。それが、九〇年代のオウム事件によって急速にしぼんでしまった。

私は宗教社会学の専門家ではないから、偉そうなことは言えないのですが、宗教の信者、宗教2世の人口の実数なんかはわからないのではと思います。たとえば幸福の科学では、信者が約一二〇〇万人と公称していますけれど、一二〇〇万というのは創価学会の一・五倍ですから、とてもそんなにいるとは思えません。おそらく数万人ではないかと私は思うのですが、詳しくは知りません。

DV問題の公助も発展途上ということをお聞きして、なるほど、そうなんだなと勉強になりました。私はアダルトチルドレンの自助グループもやっていて、そこではやはりDVの話を聞くことがあります。そういう自助グループでは、女性の相談者が八割ぐらいという印象です。昔の伝統社会では、父と息子の軋轢がいちばんきつかったんじゃないかと思うのですが、現在では家庭内でお父さんが絶対的な存在感を得るということは難しいので、家庭を仕切っているお母さんと、同性の子どもである娘の関係というものがいちばんこじれやすいのだろうと推測しています。

宗教2世の女性の話を聞いていくと、やはり私よりも相当厳しい体験をした人が多いなということを感じることがあります。私が宗教を抜けられたのは、中学生になって、母に「これから自由にしていい」と言われたからなのですが、それは私の体が大きくなっていて、おそらく女親には制圧できなくなっていたからというのがあると思いますし、あとから親戚に「もう中学生になる頃には知能が負けているって感じていた」と語っているのを聞いたことがあります。頭でも力でも勝てなくなってきているということで解放されたわけです。私には妹がいますが、妹はもっと長いあいだ束縛されていましたね。とてもかわいそうだと思っていました。

いずれにしてもアダルトチルドレンの女性で、夫からのDVに苦しんでいる人の話もいろいろ聞いてきたので、親子関係が恋人間や夫婦間の対人関係にも暗い影を落としているのではないかと推測できます。アダルトチルドレン的な要素を共有している宗教2世も、パートナーのDV被害に苦しんでいる人はそれなりに多いのではと思います。今回の本で話をうかがった統一教会2世の女性（ぷるもさん）も、結婚後にDV被害に苦しんだかたなのですが、それが親子関係とどのような相関関係にあるのか、考えこんでしまいます。そういう宗教2世が成長してこうむるDV被害のような事態も、世の中ではほとんど知られていません。

また発達障害の話ですが、発達障害者支援法ができてから、今年で一七年です。二〇一〇年代には「発達障害ブーム」と揶揄《やゆ》されたようですけれど、それでも関連法案ができて、日本各地に発達障害者支援センターが設置されて。精神科医も、勉強不足の人はたくさんいるとはいえ、発達障害について勉強するようになって、発達障害の診断ができる専門医も増えていて、カウンセラーたちも発達障害について勉強しています。それでもぜんぜん足りていないという現状があります。発達障害は手術で治せないし、薬も限定的な力しか持っていない。どうしたら生きづらさが減るのかということで、自助グループに助けを求める人がいて、「発達界隈」では自助グループが非常に栄えています。どうやったら生きづらさが減るかということを、みんなで話しあったりし、自分だけじゃないんだというようなことを知って、自分の孤独を慰めたりしています。公助がちゃんとあって、共助もあって自助も機能しているんですけど、それでも生きづらいという状況なんです。そして、そういう自助グループに参加できないような年齢の多くの発達障害児が、苦しんでいます。宗教2世の場合にはそういうふうなものが、公助がなくて、共助もまあ微妙な感じで、ほとんど自助ばっかりという状況なので、せめて発達障害の問題並みになってほしいかなと、私は発達障害者として、思うところがあります。まずそうなって、それでようやくスタート地点に立ち、「まだぜんぜん足りない」という議論ができるようになりますが、そのスタート地点こそが、現在の私たちにとっての最初のゴールなんです。

**末冨**　はい、ありがとうございます。確かに宗教2世問題について目指すべきゴールのひとつが、いま、発達障害者への支援に近い形で相談窓口があって、自助グループもあって、公助・共助・自助のいずれも、なんとか回っている状態の日本ということになると、少しはマシになりますね。少なくとも継続的に支援はできると。

やはり社会の理解があったとしてもサポートできる人材というのは限られているという問題のひとつではあるので。ゴールを明確にしつつ、私自身もできることをしていきます。

より大きいテーマでいうと宗教と社会生活との軋轢をどういうふうに認識していくかということと、それが親子間の問題であったときにどういうふうにサポートしたり介入したりするのかというルールも一層明確になることが少しでも宗教2世のかたの悩みや苦しみに寄り添うことであってほしいなと思います。それ以外に必要なサポートというのは、たぶんいまからもっとたくさん出てくるだろうと思っているので、それを継続的に考えて改善できる体制でもあってほしいと思います。

**横道**　政策にまで嚙んでいる末冨先生とお話できたことはたいへんありがたくて、宗教2世たちが思っていること、意見交換していることをお伝えできたことも含めて大きかったかなと思っています。今日はありがとうございました。

第七章

安井飛鳥×横道誠

# 子どもの権利の観点から、子どもの信仰の自由をどう保障していくのか

――ソーシャルワーカー兼弁護士、安井飛鳥さんとの対談

## ◉ソーシャルワーカー、ときどき弁護士

**横道**　まず安井先生のお仕事なんですけれども、ご専門のバックボーンというか、これまでの経歴は、どんな感じなんですか。

**安井**　いろいろなことをやってきたので、ひとことで説明が難しいですが、普段はソーシャルワーカー、ときどき弁護士でＤＪなんて名乗って仕事をしています。もともとは学童保育で七年ほど福祉の仕事をしていました。僕自身、子どもの頃、いまでいうヤングケアラー家庭で育ったことやその他マイノリティとしてのつらい経験がベースにあったので、子育てとか家族支援に携わりたいと思って学童保育に行

きつきました。そこで仕事をするなかで貧困とかいろいろな子どもや家庭の問題を目の当たりにして、より深く子どもや家族支援に関わっていきたいと思い、弁護士になりました。

弁護士になってからは、児童虐待や非行少年の弁護のほか、罪を犯してしまった障害者・高齢者の弁護や、司法と福祉にまたがるような案件を中心に関わるようになりました。そうしたなかで、弁護士や法的解決の限界を感じるようになりました。

私が関わる方々は、いろいろな制度の狭間にいる場合が多くて、法的解決をしようにも現行法ではどうにもならないとか、法的解決の手段は一応あるけれど、それは必ずしも本人のニーズに馴染まなかったり、あるいはご本人の置かれている状況の困難さから、そもそも法的解決に辿りつけないといったことがよくありました。そうした方々を支えていくためにはどうすればいいかって考えたときに、弁護士や法律によるアプローチだけでは限界を感じて、改めて法律からもこぼれた人たちの生活面の権利擁護を実現していくソーシャルワークが重要だと考えるようになりました。

それから社会福祉士とか精神保健福祉士の福祉専門職の資格を改めて取得しました。また、福祉の資格を持っていても法律事務所にいるだけでは駄目だと考えて、児童相談所の非常勤の弁護士として、週半分ぐらい仕事をするようになりました。さらに児童期から成人期にかけてのサポートが特に不足していると考えて、アフターケアと言われる児童相談所(以下、児相)等で保護されて児童養護施設、里親家庭で生活するようになった子どもたちが措置解除されたあとの地域生活のケア、サポートの仕事もするようになりました。

最近では支援の仕組みづくりに関わる機会も増え、東京都で新設される児相の開設準備や一時保護所へ訪問して子どもの意見表明支援の仕事のほか、千葉県全体での子どもや若者の支援や当事者参画の仕組みづくりに向けたネットワーク活動を始めました。
子ども・若者を支える団体や仕組み自体は増えてきているのですが、それぞれの取りくみや仕組みがなかなかうまくつながりあっていなかったり、どこか属人的、ボランタリーなものに依拠しがちであったりして、持続可能なものにしていくためにもう少し支える側の横のつながりを作り、その中でいろいろな支援の考え方を共有しながら、お互いの強みや弱みを補いながら支え合うようなことをできたらいいなと思っています。そうした支援者支援の仕組みづくりとあわせて、アドボカシーの充実として制度からもこぼれて聞こえにくくなっている子どもの声をちゃんと聞けるようにしていくための取りくみも進めています。

**横道**　私には発達障害があるので、社会福祉士とか精神保健福祉士の知りあいというのは、身近にそれなりにいるんです。発達障害があるから自分でもそういう資格を取ったという仲間がいたり、あるいは、発達障害者の支援者とのつながりもけっこうあったりするからです。でも、そういうソーシャルワーク関係の資格と弁護士を兼ねているかたには初めてお会いしたので、なんだかびっくりしてしまいます。これまでのお仕事で、特にご自身にとって大きかったものとしては、どういうことがあるんでしょうか。

**安井**　僕は少年院や刑務所を行き来する子ども・若者の弁護を数多く経験したことがありますが、そうした子ども・若者の背景には、ほぼ例外なく児童期からの虐待や貧困、理解されにくい障害特性ゆえの生きづらさなどが影響していました。また、そうした子どもたちには、児相をはじめさまざまな福祉の支援者が関わり手を尽くそうとしてきたのだけれど、それでも制度からこぼれるというか、本人のニーズには応えられてこれなかったという実情を目の当たりにしました。そうした当事者の方々との出会いからいくつも考え学ばせていただくなかで、専門職としての限界を感じながらもそれでも当事者のためにできることは何かを模索し続けてきた結果、現在のような仕事スタイルに行きついたという感じです。

## ◉「宗教虐待」固有の難しさ

**横道**　以前からやはり宗教絡みの案件なんかはあったんでしょうか。

**安井**　件数としてすごい多いわけではありませんが、見えにくい、声が聞かれにくい子どもや若者の悩みのひとつとして、いわゆる宗教2世や宗教虐待に関するものはありました。それだけが主訴というわけではないですが、二〇代、三〇代の若者の相談を受けていると、児童期の家庭でのつらさなどが語られることがあります。そうしたつらさのひとつとして、宗教絡みの話もあったりします。あとは、子ども本人からの相談ではなく周辺の親族や支援者からの相談として、親が宗教にのめりこんでいくなかで、子どもも本人もそれに翻弄されているような相談を受けることもあります。子ども本人からSOSが出ているわけではなく、心配な状況にあるのは間違いないけれど、かといって目に見えてわかりやすい問題が確認できないので、それ以上踏み込むのも難しいといったお話は比較的よくあります。

**横道**　安井先生がこれまで弁護を担当した案件として、当初児相と先ほど非行少年の話が非行少年の話が出ましたが、当初児相として、関わっていたんだけれども、結局大きくなって安井さんに弁護活動を担ってもらうようになってしまったと。それはたとえば、社会的養護の子どもたちのあいだでは聞かれると思うのですが、信頼できるおとなにひとりでも出会えれば、自分を立てなおすことができるといった話がありますね。その点、宗教2世の当事者の場合はやはり家庭の中でがんじがらめになっていて、よその信者でないおとなと会う機会も少ないということを考えると、なかなか信頼できるおとなに出会うチャンスというのがやはり少ないんじゃないかというふうに思うんですが、その点はどうでしょうか。

**安井**　先ほどお話した非行少年の例でいうと、支援としても苦労した例ではありますが、それでもまだ希望を持てる例でもありました。その子はむしろ過去に児相や社会的養護施設で保護され受けとめられていた経験がベースにありましたから。そうした原体験がある子どもは、その後つらい経験を重ねてもどこかで人に頼ってみようという行動につながりやすいため、関わりやすさはあります。

一方でそうした原体験がまったくなく、家庭の中で埋もれながらも自分の力だけでなんとかサバイブしてきた若者との関わりは難しさを感じることがあります。誰かに受けとめられたというベースがないので、他人との信頼関係を築くのも容易ではなく、またそこまでサバイブしてきたことによる傷つきやトラウマも根深かったりします。

児相等の公的支援につながらなくても自分なりにこの状況は嫌だ、おかしい、誰か助けてとSNSでもなんでもいいので行動できる子はそれでもまだいいのですが、そうした機会すらないままその環境に適応して子ども期を過ごしてきたかたが、年齢を重ねていくなかで、ようやく自分の環境はおかしかったかもしれないと思ったときが、いちばんしんどいと思います。二〇代、三〇代になり、ようやくそこからトラウマ等と向き合うということが始まるのですがそれは非常にしんどいプロセスで、自分の一〇代、二〇代の蓋をしていた気持ちや喪失してきたものを突きつけられ、そこで誰かに頼ろうにもそうした経験や信頼のベースもないというところからのスタートとなります。そうしたかたと出会ったときは僕も支援者としていったい何ができるんだろうといつも悩みます。

特に宗教虐待は周囲から発見されにくい、本人もつらさを自覚したり発信したりしにくい構造にあることを考えると、かなり怖いところはあるなと思います。

**横道**　このあいだの山上容疑者の事件は、安井先生はどのように受けとめておられますか。

**安井**　前提として直接証拠資料を見たわけでもご本人からお話を聴いたわけでもないので、あくまで報道内容を前提とした一般論としての感想になります。まずカルト問題は根深く影響していると思いました。カルト問題については弁護士として仕事をする中でその影響の強さや問題の根深さは常に感じていましたが、それがとうとう明るみに出たなという印象を受けています。一方でカルト問題という側面ばかりが強調されて報じられていて、宗教2世という問題、あるいは子どもの権利という観点からの議論が薄いというか、混同されがちというか、カルトという大人の問題に子どもの問題が覆い隠されてしまっているような印象を受けています。

### ◉カルト問題と子どもの人権

**横道**　なるほど。以前から弁護士としてカルトの問題にも取りくんだことがあったわけですか。

**安井**　はい。僕は子どもの関係が主だったので、専門といえるほどではありませんが。

**横道**　どのような案件があったんでしょう。

**安井**　弁護士が関わる法的な問題の典型例はお金に関するトラブルで、消費者被害とか借金に関する問題についてよく相談を受けます。そうしたトラブルの原因はさまざまですが、話を紐解いていくと、背景にカルトが関係している例が少なくなく、聞けば聞くほどカルトの手法の巧妙さや影響力の大きさが目につきます。弁護士個人で対処するには大変なので、同種の問題に詳しい弁護士と弁護団を組んで対応した案件もいくつかあります。

**横道**　宗教2世の問題に関して、カルトの問題と子どもの人権問題と絡み合っているということですけれども。マスメディアの報道なんかを見ていて、あるいは識者の論調なんかを見ていて、何かこういう観点が足りないんじゃないか、などと思うところはありますか。

**安井**　カルトと政治との関係がすごく注目されていますが、カルトがこれだけ家庭に影響力を及ぼしてしまう背景やカルトだけでない宗教2世、宗教虐待を、子どもの視点から捉えていくことが、いまの論調にはまだまだ不足していると見ています。もちろん、カルトはカルトとして重点的に取りくむべき社会問題ですが、同時に子どもの信教の自由とか、子どもが主体的にその宗教と付きあっていけるようにするにはどうすればいいかみたいな議論に発展していかないことにもどかしさを感じます。

**横道**　そうですね。私は統一教会ではないカルト宗教の出身、エホバの証人2世なのですが、以前から、ツイッターの宗教2世界隈や自分が主宰している自助グループでいろいろな人の声を聞いてきたし、自分もさまざまに声を上げてきたので、なんとかそこまで話が広がってほしいと思うんですけれども、やはり政治的には、自民党や公明党としては、ごく一部のカルトの問題として処理していきたいという感じを受けます。宗教教育に関する子どもの人権について云々したら、創価学会内に対する批判が増加するでしょうから、うやむやに語られている感じがありますよね。

**安井**　そうですね、弁護士業界内でもカルト問題については議論がより活発化している感はあるのですが、言い換えるとカルトの問題だからこそそれだけの反応がみられるのであって、子どもの権利という観点で問題を捉えようとする弁護士はまだそれほど多くないのかなと感じています。また、普段は子どもの権利を擁護する立場の人であっても、宗教2世の問題に踏み込むことには慎重になるかたも少なくはなくて、どうしても宗教虐待の視点は語られにくいし、当事者の声も聞かれにくい構造があると思います。

**横道**　慎重になってしまうというのは、どういうふうな配慮があるんでしょうか。

**安井**　非常にコメントしにくい話にはなりますが、

ひとつはこういう子どもの支援とか福祉の支援に携わる方々のバックボーン自体がなんらかの宗教的な思想、価値観をベースにされていることも少なくないため、そこに踏みこんでいくと、では自分たちはどうなんだと同様の指摘を受けることを心配して踏みこみきれないという事情はあると思います。カルトのような問題はなくても、子どもとの関係で自らの信教を意識的あるいは無意識的に強いてしまっている可能性がまったくないとまでは言えないでしょう。

あとは、政治的に見てそこに踏みこみだすと、いままでこそカルト批判ということである程度まとまった議論ができているのに、宗教に踏みこみすぎることで分断が生じる可能性もあるため、大局を見るといまはそこまで踏みこみきれないという判断で、問題意識はあってもそこは言うべきじゃないという政治的判断になり、声を上げようとする当事者も抑えこもうとしてしまう面もあるのかなと思います。

**横道**　本書で天理教の5世のかた（ヨシさん）にインタビューをしたんですけれど、天理教の信者は積極的に里親を引きうけているという話だったので、里子さんたちがその環境で望まずして宗教教育を施されたというような問題が起こっていないのか、ということをそのかたに私が聞きまして、ある程度は答えてもらったんですけれども、あとからいろいろ思うことがあったのか、インタビューを整理するときに、すべて削除されてしまいました（笑）。

**安井**　個別の宗教の評価に関わる事柄については、私の立場からはノーコメントとさせていただきますが、いずれの宗教であっても当事者の子どもが語りにくい構造は不可避的に存在するとは思います。

**横道**　日本基督教団、プロテスタント系の団体ですが、いろいろと2世のための救済活動をしていて、相談窓口になっているというんですが、私がやっている自助グループにはプロテスタントの人が何人もやってきて、宗教被害の話をして帰る、「伝統宗教であっても2世問題はあるんだ」と訴えてくるんですね。たとえばそういうプロテスタント2世は、日本基督教団の窓口には相談しづらいでしょうね。

**安井**　やはり構造的に力の勾配はどうしても否定できず、相談を抑圧する方向で影響してしまう面はあるのかなと思います。団体外に相談窓口制度等の何かしらの手当が法的に整備できればいいのですが、法律も結局、民主的な過程のなかで整備していかなければいけないので……。宗教虐待の問題は、憲法上は保障されていても法的にはなかなか対処が難しいというか、具体的な権利救済の道筋を立てにくいです。カルト問題のように金銭被害というわかりやすい法的問題であればともかく、法的に対処が難しいと、弁護士としてもそこは無力であることに歯がゆさは感じます。

**横道**　「法的に難しい」というのは、2世を1世の思いどおりの教義に染めることが「信教の自由」の範囲内であるということですか。

**安井**　「信教の自由」自体はもちろんあり、子どもの「信教の自由」は何人も侵すことはできません。ただ抽象的に憲法上で保障されているからといって、それだけで私人間の問題に対して直接的に具体的な権利救済を求めるのは現行法の仕組み上難しいのです。憲法の通説的な解釈では憲法上の権利救済は、法律として具体的な制度に落としこむことではじめて権利の実現や法的救済ができるのであり、その法律がなければなかなか厳しいです。現行法でも民法上の親権制限の制度や児童虐待防止法等の虐待判断の場面で憲法上の「信教の自由」から宗教虐待の視点を取りいれて判断すべきという主張を組み立てることは可能です。ですが、こうした一般条項から紐解く判断について裁判所は消極的であり、また親の側の「信教の自由」も同様に尊重されなければいけないため、どうしても宗教虐待という視点は取りあげられにくいというか、矮小化されがちです。カルトのような金銭被害等の実害が顕著になればその点に着目した形での法的救済は期待できますが、逆に言えばそのレベルに至らないと、法的介入ができないということになってしまいます。

有名な輸血拒否の事例では、ここで手術をしないと生死に関わる、説明等も尽くしたうえで、それでもなお輸血の必要性があるかどうかとか、それぐらい切羽詰まったような段階であれば、親の信仰に反した輸血行為を決行したとしても違法ではないと評価される余地はありますが、逆に言えばそれくらい高いハードルにはなってしまっています。

同種の相談はよく受けますが、法的に権利救済の可能性はゼロではないが、現状の裁判所実務からすると見通しは非常に厳しいと言わざるを得ないこともよくあります。裁判所が宗教虐待の判断に消極的なため、児相等の行政機関としてもどうしても対応に限界が生じてしまい消極的な対応にならざるを得ないという実情にあります。宗教虐待の法的救済のためには立法や行政だけでなく、司法側の宗教虐待問題への向き合い方も変わっていく必要があると思います。

## ◉「宗教2世に信教の自由を」

**横道**　なるほど。安倍晋三銃撃事件が起きましてから、「宗教2世に信教の自由を」を標語にした署名運動が起きまして、ツイッターでもハッシュタグとして使われていたんですね。高橋みゆきさん（仮名）という統一教会の2世が中心人物です。この「宗教2世に信教の自由を」というふうなスローガン、私はグッとくるところが大きいんですが、子どもの専門家でもあり、法の専門家でもある安井先生としては、どういうふうなことを感じておられますか。

**安井**　そもそも「信教の自由」をどうやって実現していくのか、それは子どもに限らず大人も含めて、そうした議論自体が日本ではあまり醸成されてないかなとも思います。大人ですら権利が充分に守られているとは言いがたいなかで、子どもの権利を保障しましょうと言ったときに、余計な反発を生むというか構造的に理解されにくいという問題がまずあるのかなと。ですから、大人も含めた「信教の自由」についてのそもそもの議論の機会を高めていく必要があると思います。

その中で子どもの信仰の自由というのを、子どもの権利の観点からどう保障していくかという二重の問題構造を考えていく必要があると思います。大人の権利とこの子どもの権利はよくいっしょくたにされてしまいます。でも、大人が求める信仰の自由と子どもが求める信仰の自由は主体が違うので当然違うはずなのに、大人の運動と重なることによって、大人の声のほうがどうしても総量としては大きくはなってしまい、当事者としての子どもが何を望むかというところが看過されやすいのです。あるいは、大人の意見と同調的なものについては取りあげやすいんだけれど、そうでないものは、まだ未熟でよくわかっていないからとか、そんなことを子どもに考えさせるべきではない、大人が代わりに判断すべきだなどと言われて取りあげにくくなる構造がどうしてもあります。

大人が子どもの信教の自由について考え代弁していく動きも必要ですが、現当事者の子どもの信仰の自由、それを、いま現在子どもである人たちからどうやって声を聴いていけるかというところも考えていかないといけないのかなと。そうしないと結局、大人にとって望ましい信教の自由のあり方を子どもに押し付ける形は変わらなくなってしまうと思います。

**横道**　そのおとなとしても「信教の自由」が保障されているとは言いがたいというのはどういう根拠で言えるのでしょうか。

**安井**　そもそも日本は無宗教というか、信仰自体にある種の偏見というか忌避感みたいなものがあるのかなと僕は思っていて、極端なんですよね。もっといろいろな宗教があって、無宗教も含めていろいろ選は「信教の自由」を謳歌している、充分に味わっているのに、その「信教の自由」の範疇に子どもの信仰を自由にしていいという観念が勝手に入れられてしまっていて、私たち2世の「信教の自由」が侵されたというふうに考えるわけですけれども、法の専門家の安井先生としては、そもそもおとなの「信教の自由」も認められていないと判断なさるんですね。

**安井**　不充分というか、道半ばというか、ほんとうの意味での権利の保障というのは、もっと言うと「信教の自由」だけではなくて、おとなの人権保障という観点が、結局強い者とか多数派が利するみたいな制度でしかないのかなと。おとなですら権利がないがしろにされるのだから、子どもだとなおさらっていう構造は、まず前提としてあるのかなと感じます。

## ◉宗教リテラシー教育

**横道**　なるほど。私は宗教2世の仲間から聞いた択的にあり、どの宗教を信仰していようといなかろうと特に気にもされないのが当たり前という状況があって初めて、自由が保障されているといえるかと。現実には法的に規制があるわけではないけれど、当たり前のものとして自由に選択したり、その選択が尊重されたりする風土ではないのかなと。

カルトの問題が家庭に入り込んでしまう背景要因のひとつとして、なにかに信仰としてすがらないと不安で生きにくい人たちへの理解やそうした信仰の見えにくさ、語りにくさも影響していると思います。それがもっと可視化され語られやすくなるなかで、おかしなものはおかしいと言いやすくしていくことが必要なのかなと思います。そうした、そもそもの信教の自由のあり方とはという議論をすっ飛ばしていても子どもの「信教の自由」とは何なんだろうというところが結局、考えても答えが出ないような気がするんですよね。

**横道**　なるほど。宗教2世の私たちは、おとなたち

「宗教リテラシー教育」の考え方が最近気に入っているんです。安井先生もいま仰っていたように、宗教に関する議論が日本ではあんまり好まれない、避けられる傾向にあると思うんですね。そもそも宗教というのは、どんな宗教でも二一世紀の日本人の常識からすると、かなり極端な教えを含んでいるものなので、アルコールやタバコ、性交渉の表現や過激な暴力表現などと同じく未成年には不適切なので、成人になるまで規制の対象にすべきではないかという意見を聞いたことがあって、個人的にすっかり気に入りました。

義務教育では宗教に関してフラットでニュートラルな知識を教えていって、成人したら自分で宗教を選ぶ、もちろん選ばなくてもOKというふうにするのがいいんじゃないかという、なんだかユートピア小説やSF映画のような発想かもしれませんけれど。そういうふうな発想は、法の専門家からすると笑ってしまうようなアイデアかもしれませんけど、どのようなことを思われますか。

**安井**　いやむしろ、ひとつの考え方としては僕も共感できるところがあります。自由だから何でもそこで自由に選択させてあとは自己責任というのが子どもの権利保障かというとそうじゃないとは思うので。子どもは成長発達の過程にある未熟な存在であるからこそ、いろいろなことを学び、選択する機会が保障されていなければいけなくて、そのなかで、そもそも信教とはなんだということを触れたり学んだりするなかで、リテラシーみたいなものを身につけていくことは、大事な観点だと思います。

全然観点は違いますけど、僕はアニメや漫画等の創作物の表現規制に関しては慎重になるべきだという立場でもあるのですが、一方で、インターネットはある程度、免許制じゃないですけれど、規制も含めた向き合い方の議論をしていかないとまずいんじゃないかと思っています。今は情報にあふれかえっていて、それを取捨選別もできないなかで情報に翻弄されたり、デマ等で情報操作されたりして傷つけ合ったりしている人がほんとうに多くて……。ゾーニングにより情報を管理する考え方もありますけど、ひとりひとりがもっとリテラシーやフィルタリングの術を身につけていくという観点も必要だと感じています。

宗教に関しても選択を保障していくためには、ちゃんと選んでいく力を養うということも必要で。でもそれは、高校生くらいから授業で少し触れる程度では駄目で、小さい頃から選択の余地もなく刷り込まれてしまうと、選択も何もなくなってしまうので。そういう意味ではやはりその考え方はひとつの枠組みとしてはあり得るのかなとは思います。

**横道**　先生のお話で、インターネットは場合によっては規制の対象であってもいいというようなことをおっしゃった気がするのですが、逆に創作物の表現に関しては規制に慎重であるべきというのは、どういう論理構造というか整合性があるんでしょうか。

**安井**　僕は基本的に表現の自由を重んじる立場なので、表現規制というのはほんとうに最小限であるべきだと思うので、インターネットについても基本的には全体的な規制はすべきではないと思っています。一方で、利用する側のリテラシーが以前よりも非常に高く求められるようにはなってきていると感じています。

かつては嘘と思える人じゃないとインターネットはやっちゃいけないみたいなことも言われていましたが、今は嘘を嘘と思えないような人でも簡単にインターネットに触れられるようになりました。そのため、そういう人にも配慮して文脈とかコンテクストみたいなところを丁寧に説明するようなことを発信する側がしなきゃいけないみたいな感じにはなっています。それもひとつの時代の流れかなと思う一方で、発信する側にばかりそれが求められて、マジョリティに相応しいものばかりを求めていってしまうと、それはそれでマイノリティにとっての言語化、拠り所的な表現発信が抑制されてしまうので、そうはなってほしくない。

でもいまは、ネット上のいろいろなところに罠があり、それこそカルトの関係で誘導しようとするトラップがあちこちにあったり、カルトでなくてもいろいろな形で取りこもうとするトラップがあちこちにあるなかで、そこに子どもが無防備に取りこまれていくのが子どもの権利保障の体現だと言っていいかっていうと、それも正直、抵抗あるなと。そうして消費されて消耗している当事者とも僕はよく出会うので。こういう彼ら彼女らをなんとか守るためにはどうすればいいんだろうということを考えると、ある程度はリテラシーだったりとかフィルタリングの視点というのは必要なのかなというのは感じています。

**横道**　なるほど。じゃあマンガやアニメに関しては表現の問題だけど、インターネットは表現の規制ということじゃなくて情報管理の問題だということなんですね。

**安井**　そうですね。

### ◉親という玉虫色のファクター

**横道**　私は本業では民間伝承の研究なんかをやっています。一般的に民間伝承というと昔話とか神話とか伝説とかというイメージだと思うのですが、最近の民間伝承研究というのはフェイクニュースとか陰謀論とかも対象なんですね。

このコロナ禍になってから、「ワクチン接種で5Gにつながる」という冗談があったじゃないですか。そんなのを見聞きしているうちに、コロナ禍の陰謀論はおもしろいんじゃないかと思って、論文を書こうかと検討したのですが、参政党とかが出てきてしまって、「これはちょっとやってられねえな」と、投げだしてしまいました。

宗教2世の問題は、それこそ陰謀論者の子どもとか、あるいはマルチ商法の子どもとか、あるいはネトウヨの子どもとかが抱えている問題と、すごい近いところがあると思うんですけど。そのあたりはどのように思われますか。

**安井**　「宗教2世」というよりも、僕がいちばん相談を受けていてしんどいなと思うのは、まさにそういう陰謀論とかマルチ商法とかの被害を受けている親の子です。その親自身はまったく被害に遭っているという自覚もないし、どんどんのめりこんでいくのでなかなか止められない。そのなかで子どもが複雑でつらい思いをしている。

いまは子と親の関係は毒親みたいな表現で説明されることが多いですけれど、でもこの関係性を根本的に理解していくときには毒親という言葉だけではちょっと広すぎるというか、前提として親自身がそうして被害者として翻弄されてしまっているという問題もあるし、そうした親や家庭の影響を直に受けてしまう子どもの問題もある。これはいったいどこにどのようにアプローチしていけば全体解決に近づくのか、そうした悩みや葛藤を抱く相談が多いです。

結局はご本人たちの困り事がもっと顕在化するか、あるいはその親子の関係がより悪化してより深刻な虐待関係にならないと、それ以上アプローチはできないのが非常に歯がゆいところです。

**横道**　『やや日刊カルト新聞』の藤倉善郎さんや鈴木エイトさんは、メディアで「宗教2世」という呼称が広まっているのは問題で、「カルト2世」だと論陣を張ったことがあります。でもマルチ商法の問題とか陰謀論とか、ネトウヨとかを考えると、つまり非宗教的団体や言説から親を介して被害を受けた人々は「カルト2世」と呼べるんだろうか。「宗教2世」よりは近いのかもしれないけれど、私がやっている自助グループは、いま「宗教2世の会」という名前でやっていますけど、伝統宗教の2世も来るので、それで「カルト2世」じゃない、と藤倉さんや鈴木さんに反論したことがあります。この名称問題なんかは、どう考えますか。

**安井**　これは社会運動をしていくときにすごい難しいことで、キャッチーで強い言葉は運動を進める原動力になるんですけれど、言葉が広くて雑だとほんとうになんでもそこに放りこまれちゃって、個別性、多様性が損なわれてしまうし、かといって定義を絞ると、それはそれでこぼれたり、じゃあこれは定義に当たるのか当たらないのかみたいな技巧的な話が出てきてしまうので、悩ましいところです。

ただ、いまのこの宗教2世という言葉で認知していいのかどうなのかという問いかけで、子どもの権利の視点から見たときの子どもの信仰の自由をどう保障していくのかということと、カルトの問題というのはかなり性質は違ってくるので、ここはちゃんと区別できるような言葉の使い分けは必要なのかなと思います。カルト問題という括りにすると、それこそ子ども時代にそういう拠り所を求めていて、でもマジョリティが推奨してくる、あるいは自分の現環境が推奨してくるもの以外に拠り所を求めたい、でも、それがなかなか実現できないという子どものもやもやになかなかスポットが当たらなくなってしまうと思うので。

**横道**　一部の識者のかた、あるいはジャーナリストも「カルト2世」という言葉を好んで使って、「宗教2世じゃない」と仰るんですけれども。大体その「カルト2世問題」と言っている場合に、親に対する眼差しが欠けていることが多いんじゃないのかというのが私の疑問です。親も子どもも、どちらもカルトの被害者なのだということが強調されやすくて、私もそれは否定しませんが、でも私の観点からすると、私が2世だからかもしれませんけど、親というのは玉虫色のファクターで、教団との関係では被害者だし、子どもとの関係では加害者のはずです。その事実が、部分的には親次第の面があるという事実が、「カルト問題」に熱心な人ほど軽んじる傾向があって、私はそれがけっこう気になってしまうんですよね。一般的な宗教でも親が狂信的だったら、家庭生活はやはりカルト化しますから。

**安井**　そこの二重構造は見落とされがちですね。その場面ではやはり子どもの主体性は軽視されがちで、子どもを保護されるべき従属的な存在として捉えられがちです。それは弁護士でも同様でカルト問題としては弁護士も取りくむんだけど、子どもの視点で取りくむ人が少ないのはまさにそういうところにあります。だから、そういった問題に対する対策も子どもも含めてなんか規制をして守ればいいみたいな話になりがちで、そこに子どもの主体性という視点がいつもないんですよね。

## ◉「こども家庭庁」名称問題

**横道**　またべつの話題ではありますが、安井先生も発起人になっている「こども庁の名称を求める会」というのがありますね。正式には「こども庁への名称変更を求める関連団体・専門家ネットワーク（仮称）」。これはどういう経緯でできたものなんですか。

**安井**　もともとこの運動の中心である風間暁さんが、虐待サバイバー当事者でもあって、コロナ禍のなか「こども庁」創設に向けた勉強会を通じて議員さんたちとお話していくなかで「こども庁」という名称にしていこうという機運が高まりました。風間さんを含めた勉強会や国のヒアリングに協力してきた当事者は皆さん、「こども庁」という名称でもう進むものだと思っていたのですが、年末ぐらいになって急にそれが「こども家庭庁」になりましたということが報じられて、まったくそんなことは聞いていなかったのに、これはどういうことだっていうことで、すごいショックを受けたんです。

でも、それまで「こども庁」創設に向けて当事者を応援していた人たちからも「まあ、仕方がないじゃん」「名称なんかよりも中身を議論していけばいいよ」みたいに言って押し通そうとする論調がすごく強くて、これは黙っていられないということで、風間さんたちが声を上げるアクションをすることになりました。僕もその経緯を見ていて、「当事者の声を聞きます」「当事者のこと第一です」「子どもファーストです」と言って、いろいろな当事者の声を聞いておきながら、最後の最後でこう変えられてしまって、しかもその説明の仕方も、「いや、家庭も大事だ」とか、「家庭というのはべつに実親のことだけじゃないから問題ないです」とか、そういう理屈で押しきろうとするのは筋が通っていなくてひどいんじゃないかと思いました。それで僕も専門職として見過ごすことはできないと考え、一緒に活動を始めさせていただいたという流れです。

また、当事者が声を上げようとしても当事者だけだと、専門家や権威ある立場の強い論調で言い負かされてしまうため、当事者が声を上げるのをサポートする専門家ネットワークの助けが必要という話になりました。そこで当事者と連帯する専門家ネットワークを広げていくという運びとなりました。

**横道**　基本的に、とてもありがたく感じております。ところで、この名称問題に関して、私の周りでは意外と「なぜこの名称が悪いのかわからない」という声もけっこうあるんですけれど。そのあたりの説明なんかどうなるんでしょうか。ズバリ、家庭こども庁の「家庭」というのはやはり「家庭連合」、つまり統一教会に関係があるのでしょうか。

**安井**　ここは実際に事実確認できていることから、推測、憶測にすぎないこともあり、現状では断定的なことはなんとも言えません。

理念的なことだけで言えば、「家庭」を付けるという考え方自体がまったくあり得ないとも思っていません。ただ子どもと家庭と見たときに、家庭のなかで子どもが埋没してしまってきたという経緯があり、だからこそ「こども」を強調していく必要があるという議論だったはずなのに、そこで「でも、家庭も大事でしょ」というのは理由になっていないと思います。それを言うなら、この「こども庁」創設が議論されるよりもずっと前から児童福祉の施策のなかで家庭が大事ということはずっと議論され続けてきたことで別段目新しい議論ではないため、ほかに理由があるのではと勘繰ってしまいます。

新聞報道等では保守的な方々の反対が強かったり、猛烈なプッシュがあったのではという話もみられます。実際に与党内の資料でも直前まで「(仮)」という記載のされかたをされていたものの、「こども庁」という名称が付された資料が準備されていました。こども庁を作ろうとしている人たちとしても、「こども家庭庁」になったとしても、それでも庁が作れることをまずは優先したかった、もっと言うと「こども基本法」制定がよりプライオリティが高かったので、そこからすれば「家庭」と付けることぐらいは譲歩してもいいかなという政治判断があったのではと推測されます。ですが、当事者としてはそれはプロセスとして納得できることじゃないだろうと思います。

なかなか説明しにくい事情もあるのでしょうが、それについての説明が「いや、家庭も大事だから」とか、「いや、家庭は何も実家庭のことだけじゃないから」とか、「いや、家庭が嫌だっていう当事者も、でも家庭とも向き合わなきゃいけないよ」みたいなことを、逆に当事者に言ってしまわれるかたもいて、その言いぐさは違うだろと。「ごめんなさい、結局そういうことでこうなりました」という真摯な説明をするとか、あるいはそこをほんとうに徹底的に二案議論したうえで、民主的な過程のなかで最終的にこども家庭庁に決まったということなら、まだ当事者も納得できる部分はあると思います。それが最後の最後で当事者を排除して、おとなの都合で押しきって、あなたたちは子どもだから、まだよくわかってないんだ、もっとわかれみたいなふうにして押さえつけるという、これは結局、虐待する子どもと親の関係と何ら変わらないじゃないか。それだと当事者はこども家庭庁には希望を持てないよという。

**横道**　なるほど。この「こども庁の名称を求める会」の発起人に、今回の本にもインタビューに協力してくれたぷるもさんというかたがいて、このまえ招待されてオンラインの会合に行ってみたんですね、そうしたら、今回の本のジャケットを描いてくれるマンガ家の菊池真理子さんと私のふたりがゲストとして呼ばれていて、いろいろと2世としての体験談を聞かれました。自民党の某議員も出席していて、「どういう団体なんだ?」と思ったんですけど。何か大きなことを考えているわけですか。

**安井**　そうですね、実際政治的な局面としてはなかなか名称問題の一点だけにこだわるのは厳しいというのはあるし、僕らも家庭支援の充実というのも大事だとは思っています。ただ、ほんとうの意味での当事者の声をちゃんと大事にするというか、都合のいいところだけ当事者の声を利用して、最後の最後は結局多数派で押し切るようなことをさせないようにしていくためには、この問題意識をそのつど地道に言っていかないといけないなと思います。目指すところはほんとうの意味で子どもとおとなが対等にパートナーシップを持って参加ができる社会を目指してというところはありますね。

**横道**　なるほど。この前の六月に国会で「こども基本法」が可決されて成立しましたね。宗教2世界隈ではよく「宗教的虐待」とか「霊的虐待」ということが言われていますね。そういうふうな考え方を法的な問題として取りこんでほしいという声が非常に多いんですけど。公明党なんかも与党ですし、難しいでしょうか。

**安井**　法律を通すためには結局、国会の多数派の賛同を得ないと法律はできないので、でも与党側に強く反対があるとなかなかそこは通れないという意味で難しさはあるでしょう。しかも他の施策等も含めた駆け引きにもなってくるので、「宗教虐待」という言葉を入れるだけではなく、ほかの子ども関係の施策とかもあわせて廃案になっていくリスクを考えると、プライオリティとしては低く設定されてしまうというのが現状でしょう。

一方で法律の専門家的な視点からいくと、ただ法律をつくればいいのかという思いもあり、結局、実務で法律が適正かつ有効に運用されていくことを考えていく必要があります。法律で書けばなんでも実現するわけじゃないので。「宗教虐待」ということを法律に明記することによって問題意識を高めることは意義あることだと思うのですが、具体的に誰がどのように対処していけるのかという議論も醸成していかないと、法律だけ作っても「仏作って魂入れず」みたいなことになってしまいます。また、先程もお話したように裁判所の姿勢が変わらないと、結局そこがボトルネックにはなってしまいます。

そうした実践的な議論も圧倒的に足りていないことについては、僕は法律の専門家として冷静に見ているところもあります。現状の児童虐待防止法の規定をみても虐待の範囲としてはかなり広く定義されていますが、その多様さ個別さに適切に対応しきれているわけではないので、そうした点も含めた議論の整理が必要かなとは思っています。

**横道**　そうですね。宗教2世問題でフランスの反セクト法がよく話題になっていて、子どもの強制的入信がセクト、あるいはカルトを識別するための基準のひとつになっているということが指摘されていますけれど、実際にはフランスでも信教の自由はもちろん保障されているので、運用が難しいということを聞いたことがあります。だから法律が制定されて、それでぜんぶ終わりというわけではもちろんなくて、法律として制定されていても実際には運用が難しいという現実も出てくるんでしょうね。難しいことですね。

## ◉当事者が安心安全に声が上げられるように

**横道**　今日の安井先生の話を聞いていると、弁護士だからみんな子どもの権利に理解がある人ばっかりじゃない、むしろそっちはマイノリティなんだとわかりました。支援の現場で、それこそ天理教の里親さんへの配慮もあるかと思うんですが、支援の方々自身が宗教と「密接に」とまでは言わなくても、ある程度そういうことに関与させている事例がある。だからなかなか声も発しにくいという話があった一方で、児相の人たちももちろん法律に則って仕事をしているわけですから、明確な法律がないと仕事ができないとは思うんですけど、宗教2世の問題を知らないというかたはやはり多くて、そこで「信教の自由」があるという理由で、相談に乗らないという例もまだまだ多いんじゃないかなと想像するわけです。そう考えるとやはり当事者の人たちが今回の事件をきっかけに声を上げていくということは重要なのかなというふうに私なんかは思っているんですけど、その点はいかがでしょうか。

**安井**　支援者に知識が足りないという問題はあるでしょう。そもそも子どもの権利に関心を持っている弁護士自体が、まだまだ弁護士のなかでは圧倒的マイノリティです。かつそのなかで、この宗教2世の問題にまで問題意識を持っている弁護士は、さらに限られると思います。日頃、子どもの権利擁護活動に従事されている弁護士さんでも、こども家庭庁の名称変更の議論の際には、家庭という名称の擁護に回るかたも少なくなかったので。

そういう状況になるのは、問題を単に知らないということもあれば、家庭養育、里親推進の立場だから、そこを話していくと、家庭養育、里親推進の流れにも水が差されてしまうのを恐れるというのもあるかもしれません。そうした政治的な利害関係から立ち入らないようにしている人に協力を求めるのはなかなか厳しいのかなと思いますが、そうした利害関係がない無関心層の人たちに、まずは問題を知ってもらうという意味では、啓発というのはすごい大事で、それをしていくために当事者が声を上げていくということは大事なことだなと思います。

僕は日頃、児童虐待等に関心が高い人たちと一緒に仕事をしているのでこうした話題も比較的共有しやすいですが、一歩外に出れば虐待といっても、いまだに時代錯誤な家庭のイメージしかなかったりする人のほうがまだまだ多数だと感じます。ましてや、「宗教虐待」なんて言われてもイメージがつかないでしょうから、実像を知ってもらうということを地道にやっていくというのは必要だと思います。ただ、その運動を進めていくなかで当事者がへんに利用されたり消費されたりしないように気をつけていかなくてはならないということも僕はすごい気にかけています。

いま宗教2世の当事者が声を上げはじめている動きについては、半分はすごい応援したいなと思う気持ちがある一方で、半分はちょっと慎重にならなければなと思っているところもあります。その声を上げる当事者自身のトラウマケアという観点で考えると、声を上げるのはそんな容易なことではなくて、上げ方によっては、むしろ自分のトラウマをほじくり返して余計に傷ついてしまいます。さらにはそういったものをうまく利用しようとする人によって簡単に利用されてしまい、二次受傷、三次受傷みたいなことが起きたりもします。また声を上げれば当然いろいろな人から批判の声も浴びるので、そういったなかでほんとうに傷つかないように安心安全な声の上げ方や環境を整えていくということも考えていかないと。そうした整理がついていないなかで無闇やたらに当事者の声が上げられていくということについてはヒヤヒヤする面も正直あるかなとは思っています。これは一時期、社会的養護の子たちが語りのなかで傷ついてしまったのと同じ構造です。

**横道**　その意味では、メディアの側の責任が問われているのかなというふうに思います。今日は貴重なご指摘をたくさんくださり、ありがとうございました。

第八章

# 藤倉善郎×横道誠

# カルト問題の知識はじつは必須じゃないんですよね

――『やや日刊カルト新聞』代表、藤倉善郎さんとの対談

## ◉『やや日刊カルト新聞』の創刊

**横道**　まず、藤倉さんの初期の経歴からお聞きしてもいいですか。

**藤倉**　僕は九〇年代の学生だった頃に、北海道大学新聞という新聞サークルにいまして、その頃に自己啓発セミナーが大学のなかで流行しました。学生がいっぱいはまって、周りの学生をサークルやゼミで勧誘し、トラブルになるというのがあちこちで同時多発していたので、その問題を取材して記事を書くということから取材活動が始まりました。

自己啓発セミナー自体は宗教ではない、ある種の心理学を使った悪徳商法のような感じなのですが、

一応カルトの一端には含まれていたので、そのつながりで大学をやめてライターになってから、宗教系のカルトも含めたカルト問題全般を取材するようになりました。

当初は、いきなり駆けだしのライターで記事を書けるわけでもなく、日刊ゲンダイにフリーランスのまま出入りして、企画会議に参加して、週末特別版という編集部で週末の読み物とか、レジャー関係とかトレンドみたいなものを紹介する記事を書いていました。ふつうの新聞や雑誌は、外注のライターは編集会議には出してもらえないのですが、日刊ゲンダイの場合はフリーなのに机も置いて、社員と同じように編集会議にも参加させて、企画を出したり、あるいはそのほかの人が出した企画を「お前やれ」と言われて振られたりというように、取材活動に関しては完全に社員と同じことを求められるという、ちょっと変わったやり方だったんです。なので社員ではないのですが、いわゆる新聞記者的な職場で鍛えられたという感じです。

それで稼いだお金で、自腹でしこしこカルト問題を取材して、徐々に雑誌で署名記事を書けるようになっていきました。

**横道**　『やや日刊カルト新聞』は、どんなふうに立ちあがったんでしょうか。

**藤倉**　訴訟リスクもあってメディア側が怖がってなかなかカルト問題を取りあげてくれないのです。なので、没ネタなんかも含め、基本的にはある程度ニュース性のあるカルト問題のトピックスをそのタイミングでちゃんと出す必要があるなという意識で、二〇〇九年から始めました。当初は多少広告収入があったのですが、グーグルから規約違反だと言われて広告を切られまして、『やや日刊カルト新聞』は創刊数年で無収入になりました。

どちらかというと、『やや日刊カルト新聞』で書いた記事を見たメディアの人が、これ面白いから、うちでちょっと書いてくれないかみたいに声を掛けてくれる機会は増えました。いわば名前を売る窓口みたいな役割は果たしているのですが、直接の収入にはならない媒体になりました。ただ、それでちょいちょい一般のメディアでカルト問題を書ける機会が細々とできるようになったので、なんとかいままで生きてこれたという、そんな感じです。基本的には、カルト問題は仕事にあまりならないライフワークというような形でずっと取材を続けてきました。

**横道**　初期のお仕事で、何か印象に残っているものはありますか。

**藤倉**　駆けだしのライターを開業したのとほぼ同時期ぐらいに起こった「ホームオブハート事件」です。九〇年代に解散したロックバンド「X JAPAN」のTOSHI（現・Toshl）がはまっていた自己啓発セミナー団体が宗教がかったコミューンになっていて、そこで児童虐待があるということで、児童相談所が子どもたちを保護したという騒ぎです。

その後、金銭被害を受けた被害者たちがその団体を相手取って訴訟も起こしました。ちょうど僕がライターとして開業した時期と重なったこともあって、「ホームオブハート」の問題、児童虐待の問題というのをずっと取材していました。なので、奇しくもライター稼業のスタートから2世問題がつきまとっているというような感じです。

二〇〇九年に『やや日刊カルト新聞』を作った年は、今度は幸福実現党ができた年でした。翌年二〇一〇年に栃木県の那須に幸福の科学学園というのが開校され、当時まだ教団の広報が仲良くしてくれていたので、視察にも行きました。

その後、学園をやめた人たちから内情はかなりひどいという話を聞きまして、二〇一二年に幸福の科学学園の違法な実態も含め、こんなになかなかひどい状態、ひどい教育をやってますよというルポを週刊新潮で書いて、それが原因で幸福の科学から出入り禁止にされました。大川隆法から霊言を下されて中傷され、それを書籍として出版されたりもしました。

当時「2世問題」という表現での記事はそんなに書いていないのですが、記事の内容や教団と僕が対立したきっかけは、2世問題に関わるものが多かったかなという感じです。

**横道** 私も含めて、こういうふうにいま2世問題の周辺で声を上げている、もちろん鈴木エイトさんとかも含めて、藤倉さんがいたからなんとかなっているというふうな、非常にありがたい、大黒柱のように思っています。

**藤倉** いえいえ。所詮は報道なので、事実を皆さんに伝えますよ、というところまでが基本的な仕事です。その問題をどう解決しましょうか、という部分の実務はまったく担っていない活動なので、あくまでも情報というとっかかりの部分をやっているだけです。

**横道** でもいま、少なくても私も含めていろいろな人が活動しやすくなっている。塚田穂高さんなんかもそうですけど、やはりそれは藤倉さんがいたからこそではないかなと思います。大手メディアが切りこみにくいところを、体を張って継続的にやってくれたのはすごいことだと思っています。

## ◉批判する側への違和感

**横道** ところで、九〇年代後半のオウム真理教の事件には影響を受けましたか。

**藤倉** 活動を始める二、三年前の事件ですけど、ワイドショーのなかの出来事だという受けとめ方でした。ただ、群れになってオウムを叩けみたいな雰囲気には不快感を抱きながら見ていました。オウムへのシンパシーはなかったのですが、メディアって、えぐいなという印象はありました。

**横道** 森達也さんの『A』シリーズなんかは、オウムをめぐるメディアの論調批判をテーマにしていて、オウムに同情させるような映像なんかを作っていると批判されましたね。私も、ニュートラルな視点を取っていると見せかけつつ、バランスを欠いていると懸念したのですが、藤倉さんはどう思いますか。

**藤倉**　森達也は、僕はまったく評価していないですね。カルト問題に取りくんでいる識者の評価とほぼ同じです。

僕はメディア批判もするんですが、それで別にオウムの問題が相殺されるという感覚にはならないんです。オウムが何をしたかという部分に目を向けずに、メディアとか警察とか、周辺住民、反対運動をする住民とかのえぐさだけを見せるというのは、こんなものはドキュメンタリーじゃない、とすら思いましたね。

**横道**　私と同じ感覚で安心しました。私は特に宗教2世だからというのもあるので、「教団の人たちって、親しく接するといい人たちでしょ」みたいな映像は、「そこに焦点を当てると、見えるものが見えなくなる」と思ってしまいます。

**藤倉**　そうですね。いい人で、いじめられていて可哀そうみたいな。

**横道**　エホバの証人なんかも典型的にそうです。エホバの証人の輸血拒否問題を扱った大泉実成の『説得』もそうですが、個々の末端信者を見たら、上品な印象の人ばっかりということになる。でも、内部にいる子どもたちはどういう体験世界を得ているかという問題なんかは、掘りさげが甘くなってしまう。

**藤倉**　はい。メディアにはいろいろ問題がありますけど、メディアを批判することによって、問題を生みだしている原点であるカルトへの批判意識を弱めるべきではないと思います。双方の問題を、とにかく冷静に判断していかないといけないと思います。

**横道**　そのうえでメディアによるカルト批判も、批判すると。

**藤倉**　はい。大学で自己啓発セミナーの取材をしていたときも、自己啓発セミナーに関する文献は当時そんなになかったんです。特にマインドコントロールに関するものになると、もうほとんど統一教会をモデルにした本、浅見定雄さんとか、スティーブン・ハッサンとか、あと、当時は西田公昭さんの本ももう出ていたのかな。だいたい宗教を扱ったマインドコントロールの本ばっかりだったので、そういうものを読みながら、違和感も抱いていたんです。

現場を見ても、批判する側がものすごい正義を振りかざして、自己啓発セミナーにはまっているのは誰と誰だってリストアップしていて、みんなでサークルからいびり出したりとかするんです。それで自己啓発セミナーにはまっていた側が孤立して、ちょっと鬱っぽくなって大学もやめていくみたいな。

つまり、自己啓発セミナーに反対する人たちにいびり出されて大学をやめていくと。でも、それを批判して自己啓発セミナーの問題を軽視したりさせたりしては本末転倒です。あくまでも、それをどう批判するかによって社会の側が加害者になる可能性もある、という話です。だからこそ余計に、何が自己啓発セミナーの問題なのかを冷静に見るための取材をしなきゃいけないというところが、僕と森達也の違いです。僕が大学での自己啓発セミナー取材を終えて大学をやめた頃に発表されたのが、森達也『A』でした。そこに違和感を抱いた僕の考え方というのは、おそらく大学時代の取材活動から生まれていると思うんです。

とにかく、批判する側に対する違和感というのが当時からあって、それもその新聞の記事では書いたんです。マインドコントロール関係の本でそうやって宗教カルトの話が基本ベースになっていたので、ごく自然と宗教の問題に取材テーマをスライドさせていったのですが、それでもやはり宗教カルトを批判する側の論理というのが独善的なんじゃないかと。

西田公昭氏の論調は違うんですが、マインドコントロール論を使ってカルト批判する人たちのなかには、「信者たちは操られて騙されている人たちなんだから、これを解除して正常な状態にしてあげなきゃいけないんだ」といった姿勢の人も、当初は目につきました。要するに、正常な思考なんか信者にはないんだという見下し方という一方的な解釈。コントロールされている信者だって自我はあるし、疑問を感じたり悩んだりしているはずだし、たとえば、やめたあとでもカルトのときに培ったその活動するスキルとか情熱とか体力みたいなものはその後の人生でも役に立つはずなのに、全部否定しないと「マインドコントロールがまだ解けていない」と言われてしまうとかですね。

そうした差別的というか、被害者に対する独善的な扱い方というのが二〇〇〇年代初めぐらいにまだあったんです。八〇年代終わりぐらいまでは、統一教会側が入信者を親に会わせないなどの極端な姿勢を持っていたこともあって、信者を拉致監禁して改宗させてしまうということをやっていた人たちも一部にはいました。二〇〇〇年代初めになると、それはもうなくなっていたんですけど。そのときもう拉致監禁をやめていたとしても、そこは高圧的だったり、独善的だったりするパーソナリティーの人はけっこういたんです。だから、こういう人たちの批判だと社会的にも理解されにくいし、それこそカルトやカルト信者への排斥や攻撃、差別につながるような反カルト運動になりかねないという不安を常に抱えながら、そのうえでカルトを叩くっていうことをやってきました。カルトが悪いことをするのは当たり前で、批判する側が間違いをいかに犯さないかということがカルトの問題への取りくみでは重要なんじゃないのかというふうに、学生時代にすごく考えたのがいまのやり方のきっかけだと思っています。

**横道**　よくわかりました。問題意識としては、批判する側を批判するという問題意識がまずあって、対象とするフィールドがカルト的な集団だったっていうことですね。

**藤倉**　はい。自己啓発セミナーのときに感じた批判する側への違和感みたいなものが、宗教カルトも含めた取材にスライドしたときにもやはり同じように感じた。もちろん批判を全否定するわけではなくて、もっとこういう批判の仕方をしないと、カルトを潰せないいんじゃない、というようなニュアンスですかね。

### ◉鈴木エイトさんとの出会い

**横道**　根っからのジャーナリストだなって、腑《ふ》に落ちました。『やや日刊カルト新聞』を立ちあげるときにやはりいろいろと苦労はあったんでしょうね。

**藤倉**　いえ、立ちあげのときは特に苦労はなかったですかね。ただ、「藤倉善郎がどこかの段階でカルトに殺されたとしても永遠に残る、過去の記事は残るし、誰かが引きついで続けることも簡単にできる体制にしよう」とは思っていました。クレームはけっこうあったんですが、訴訟沙汰も意外となくて、初期に刑事事件が一件あっただけです。『やや日刊カルト新聞』の活動が民事で訴えられたことはまったくなくて。訴えられたのはどちらかというと、大手のメディアで僕が書いた記事でした。出版社が弁護士とかもつけてくれてやってくれるという体制だったので、『やや日刊カルト新聞』への打撃にはまったくならずにいままで済んでいます。ですから続けること自体は苦労はなかったですね。ただ取材の現場で揉《も》めてしまうということがあります。その揉めた様子もネタにできるので、それはそれでいいのですが、出入り禁止にされたりして、もともと取材したかった取材がなかなかできないという、それがいちばんの苦労ですね。

**横道**　鈴木エイトさんの名前が出ましたけれど、執筆者というのは合計何人ぐらいいるものなんですか。

**藤倉**　始まったとき八人で、途中で九人に増えて、いま六人ぐらいになっているという感じです。メインの書き手は僕とエイトさんです。

**横道**　鈴木エイトさんとは、どうやって知り合ったんですか。

**藤倉**　エイトさんとは日本脱カルト協会ですね。エイトさんは当時、路上で統一教会の勧誘阻止活動をやっていました。統一教会の人から通行人が声を掛けられているところに割って入ってですね、「これは統一教会ですよ」と言って通行人を助けてあげたうえで、その勧誘している側に対して「あなた統一教会でしょ」と問いつめていくといった活動です。その活動報告をエイトさんが脱カルト協会でやったときに知りあって、打ち上げの席で「カルト新聞というのを始めようと思っているんだけど、記者として加わってくれないか」とスカウトして加わってもらいました。

**横道**　今回の銃撃事件以後、私は日本脱カルト協会にある程度期待していたのですが、実際にはほとんど存在感がないのが意外でした。

**藤倉**　カルト問題そのものについてすごく重要な活動をやっているのであれば、内部の問題を多少我慢してでも関わるメリットは、人によってはあるかもしれないんですけど。現状だとちょっと何もないですね。

**横道**　藤倉さんがこれまで訴訟に付きあった件数はどのぐらいあるんですか。

**藤倉**　僕は民事一件、刑事で立件されたものが一件です。その他に不起訴ながら送検されたものが三件あります。僕の実感としては少ないのですが。ただ、一般の人から見ると、いや個人で民事一件、警察沙汰が四件もあれば充分多いよ、と感じるかもしれないですね。

## ◉幸福の科学の専門家として

**横道**　鈴木エイトさんが統一教会の専門家とすると、藤倉さんは幸福の科学の専門家という感じがするんですが、この教団についての藤倉さんの考えをお聞かせいただけますか。

**藤倉**　僕にとっての重要さでいうと、まずは2世問題ですね。1世に関しても、何百万、何千万、一億単位の金を献金してしまうような被害は非常に多いですし、逆らうと地獄に落ちるという教義を刷りこまれているので、1世に対する人権侵害もひどいのですが。やはり2世の問題がもっと気になります。

幸福の科学学園というのが栃木県の那須にあって、僕が取材しているあいだに関西校というのも滋賀県にできて。あと、大学を作ろうとしたら不認可になったのに、そのままスタートさせてしまった「ハッピー・サイエンス・ユニバーシティ」というのも千葉県にあります。学校としては完全無認可の宗教施設でしかないものなのですが。幸福の科学学園の中学高校は、それぞれ県の認可を受けています。しかし歴史の授業ですら、霊言ですね。つまり、大川隆法がいろいろな人物の霊をおろしてしゃべった言葉を根拠にした歴史の授業なんかもやっているんです。

たとえば、坂本龍馬なんかが授業で名前が出てくると、「坂本龍馬の過去世は劉備玄徳です」といった話を先生がするわけです。あと、大川隆法は宇宙人の霊もよくおろして、宇宙人には人類の歴史にこう関わってきているとかという話をいろいろするんです。これはまた歴史の授業のプリントを生徒に見せてもらったら、シュメール文明が出てくる世界史のプリントの欄外のところに、「シュメール文明は宇宙人の指導を受けていた」という趣旨の手書きのメモが載っていて、授業でこんなことを教えているのかと驚愕しました。宗教の授業ではなくて歴史の授業で、宗教と標準的な歴史の知識をごちゃまぜにして教育していたりする問題があります。

あと教育基本法で、学校の政治教育、政治運動は私立でも禁止されていますが、幸福の科学学園では、ふつうに幸福実現党を支持する授業をやっていたりします。また開校初期には、寮生活のルールを破ると何日も空き部屋に隔離して授業にも出さないで延々と教祖の説法DVDを見せるという「隔離措置」もありました。

いまは空き部屋での隔離はなくなったと聞いています。時期によって変化している部分もあるのでしょうが、随所に危うさが感じられます。またハッピー・サイエンス・ユニバーシティができてからは、卒業生の七割ぐらいが、一般の大学を受験して合格しても進学も就職も放棄して、無認可のハッピー・サイエンス・ユニバーシティに入ることがいいことであるかのように内部で捉えられています。基本的に強制というほどのことはなく、外形的には、さも生徒たちが自主的にその進路を選んでいるかのように見えますが。

無認可なので大学ではなく、学歴にもならないですから、カギ括弧付きの「卒業」後には就職活動が非常に大変なことになるわけなんです。そういうことも含めて、社会で生活していくうえでの基盤がガタガタにされる2世たちというのを毎年大量に作りだしている。それがもう学校を作って組織的に行っているという、きわめてわかりやすい「カルト2世問題」です。

そしてこれは、親のパーソナリティーによって差があるよね、とかではないんです。もうみんな同じ学校で、寮生活で同じ教育を受けて、七割ぐらいそういう進路をとってしまうというわけですから、非常に画一的なものなんです。その組織性が非常にくっきりした2世問題というのが、僕の危惧している部分ですね。

**横道**　卒業生たちが共通して言うような意見はあるのでしょうか。

**藤倉**　エホバみたいな戒律とかが特にないので、教義の影響についてては意外と言わない人もいたりします。ですが、後に信仰を失ったり後悔したりしている2世の場合は、そういう学校に入れられて、自分の進路がうまくいかないような選択をさせられてしまったことへの恨みというのは共通しています。一方で、幸福の科学学園は認可されている学校なので、そこを卒業すると、履歴書に書かなくてはいけないわけです。そうすると、信仰を失っているのに面接でネタにされたり、学歴としてつきまとって、それがゆえに社会から差別を受ける経験というのがけっこう共通している印象です。

**横道**　なるほど。じゃあ他の宗教2世と同じというか、一方では教団とか親に対して複雑な葛藤があるけど、一方では社会からの迷惑行為というものに苦しんでいるということがあるわけですね。

**藤倉**　そうです。幸福の科学の場合特殊なのは、大川隆法がたとえば芸能人が死んだらその人の霊言を出すとかして、そういうのがネット広告とかで逐一出たりするわけです。そうするとネット住民たちが、「またあのイタコ芸人がおもしろいことをしてるぞ」という感じで注目するわけです。そこに、「あのイタコ芸人、あんなのを信じていた人たちなんでしょ」という、信者に対する非常に具体的な蔑視が生まれます。2世たちは学園に入ることで人生は教団に壊されるのですが、そこからなんとか抜けて、普通の社会生活を作っていこうとしている人の足を社会の側が引っ張る、という構図があります。

**横道**　さっきの森達也への見解とも通じる、非常にバランスが取れた見解だと思いながら、共感して聞いておりました。

**藤倉**　もとはそういう学園を作って特殊な教育をしている幸福の科学が問題の根本なので、そこへの批判は絶対に外せないのですが。でも社会の側だっておかしいということも言っていかなくてはいけない。幸福の科学の取材では、それを特に強く感じます。

## ◉名称問題は難しい

**横道**　ほかの宗教2世に取材した経験はあるのでしょうか。

**藤倉**　あります。僕なんかだと、取材なのかおしゃべりなのかわからない感じで交流を持っていることが多いので。そういうのを含めると、エホバの人、統一教会の人とか、昔はヤマギシの人とか、あとは反ワクチン、陰謀論2世の人とか、いろいろいますね。伝統宗教の2世の人もいますけど。寺を継げというすごい嫌なことを親からされたみたいな、伝統宗教の2世なんかともやりとりがありますね。

**横道**　以前、藤倉さんの意見に対して私が『中央公論』でやや批判めいたことを書いたことがありますよね。藤倉さんとしては「宗教2世問題」ではなくて「カルト問題」なんだと強調しておられて、私は自助グループをやっていると、カルトとみなされていない宗教の人も来るので、「宗教2世問題」なんだと。

私はいまではどっちとも言えないかなと思っています。カルト問題だという考えもよくわかると思うようになりましたし、さっきのマルチ商法の問題とか、陰謀論者の子どもとか、あるいはネトウヨの子どもとかも、そうとうカルト性の被害を受けているわけです。だから名称問題はすごく難しいなと思っています。

私の場合は親次第の面があるとよくメディアで言っていて、親は教団との関係では被害者ですけど、子どもとの関係では加害者というふうな曖昧なファクターなので、たとえばエホバの証人のオフ会に行っても、「うちはそんなにひどくなかったよ」と、「ときどきお尻ぺんぺんぐらいはされましたけどね」と笑っている人もいれば、私みたいに毎日のように暴力にさらされて、非常に強迫性が高かった場合もあるわけです。カルト宗教が関わっていても、家によってはカルト化していない状況もあるわけです。もちろん逆に伝統宗教であっても親が非常に厳しく原理主義的であったら家庭はカルト化する。そういうふうに考えているのですが、藤倉さんはどのようなことを感じますか。

**藤倉**　僕、そこはまったく同感なんです。伝統宗教の2世の人も、自分の体験を話すと精神的に不安定になるぐらい、かなりのトラウマになっているような状況なので、そうとう嫌なことをされたんだろうなというのはわかるんです。だから親次第で大きく変わるというのは間違いないとは思います。ただ、そちらをモデルにして一般化してしまうことで、逆にカルトの場合は、親にそれをさせているのはカルトだよねという問題が薄まってしまうのが怖いんです。

**横道**　それは私も同感です。

**藤倉**　たぶん名称問題はどこまでいっても解決しないんだと思うんですよ。なので、僕は基本は「カルト2世」と言いますけども、正確に言うと、「カルト問題における2世問題」というのが僕のやっているカテゴリーなんだと思いますね。ただ当事者にとっては、かつて自分が所属していた団体を「カルト」と呼ばれることにすごい抵抗感があったり、あるいは「カルト」と呼ばれること自体が、社会から自分たちに向けられる差別につながりかねないという恐怖があるわけです。少なくとも横道さんがやっているような自助グループの文脈で「カルト2世」という単語は避けたほうがいいと僕は思っています。宗教2世の人とトークイベントをやるときとか、インタビュー記事を書くときとか、そういうときはもうその人が望む呼び方に揃えるようにします。場面と文脈に応じた内容を添えていくというやり方でしか処理できない。もう名称はどうにも統一はできないし、統一してはいけないんじゃないかというぐらいかな。

### ◉「菊池真理子先生の2世漫画を読みたいです」

**横道**　山上容疑者の事件が起こる前、2世界隈でいちばんの話題というと、幸福の科学の圧力を受けた集英社が菊池真理子さんのマンガを打ち切りにしたという件でしたね。藤倉さんはツイッター・アカウントを、「藤倉善郎@菊池真理子先生の2世漫画を読みたいです」にしていましたよね。

**藤倉**　してました、してました。かなり長いあいだしていました。ですが僕はツイッターでけっこういろんな人と喧嘩するので、そういうときに常に菊池さんの名前が出るのは申し訳ないと思って、元に戻した記憶があります。それでもわりと長く、「菊池さんの漫画が読みたいです」とアピールしていました。

**横道**　菊池さんの2世マンガは、どのようにご覧になられていましたか。

**藤倉**　まず、2世問題を扱う手法として非常に新しかったというのがいちばんですかね。マンガも含めて手記はいろいろ出ていますし、逆に、第三者が取材して文字でルポをしたり、NHKの特集みたいに映像でレポートするというのはありました。しかし、作者の菊池さん自身が創価学会2世という当事者でありつつ、その当事者が他の当事者の話を聞いてマンガ化するという形態は、たぶん今までなかったと思うんです。

なおかつ、毎回ひとりずつ違う教団の出身の人にインタビューをしていて、ほぼその教団の批判はないのに、教義の影響とか、これは親のパーソナリティーの影響だなというのがちゃんとわかる内容になっています。さらに、その手法によって、2世とか宗教とかカルトという括りではなくて、ひたすらその個人にスポットを当てることに徹している作品です。それは一見、僕が主張しているようなカルトの組織の問題というのと逆行するかのように見えるのですが、個人の体験を具体的に書いてくれているので、読む側が「あ、これはこの教団が悪いんだ」「これは親のパーソナリティーの問題だ」と考えることができる。書き手の視点や意識に限定しないで読む人にいろいろなことを考えさせてくれるような書き方をしてくれているという意味で、非常にこうバランス感覚がいいし、その手法も新しいし、しかも、大手の出版社のサイトで掲載されたマンガということで、今まで興味がない人にもとっつきやすくこの問題を伝えてくれるというものだったので、きわめて重要度が高い作品でしたね。

## ◉山上容疑者の事件を受けて

**横道**　私も愛読していて、同じように感じていました。そんなときに、山上容疑者の事件が起こったわけですが、それを受けて何か感じたこと。これまでの藤倉さんの考えがさらに発展したとか、逆に変更を迫られたとか、そういうことはありましたか。

**藤倉**　変わりはしないのですが、ショックだったのが、カルトの2世問題が人をここまで追いつめてしまうのかということを、たぶん僕自身の肌感覚も不充分だったのかもしれないと思い知らされたことです。

僕の知っている2世たちは、他者に対する攻撃性なんて微塵《みじん》もないんですよ。ものすごい不満とかストレスとかトラウマとかを抱えているけども、自分のなかで抱えこんで静かに傷ついてきたという人たちばかりです。それが山上容疑者の場合は、韓鶴子《ハンハクチャ》を殺そうとか、それが無理だったから安倍を殺そうというふうに行ってしまう。それをしかも実行、かなり周到な準備をして実行してしまった。ものすごい執念と確信を持ってやっている、純然たる暴力なんですよね。そこまで行っちゃうのかということを僕はまったく想像できていなかったので。そこになんかショックと、これだけいろいろ見てきたけども、僕はまだ甘く見ていたのかもしれないという反省と衝撃という感じですかね。

**横道**　自助グループをやってきて、多くの2世が山上容疑者と自分を重ねざるを得なかったと言っていて、場合によっては自分の人生がこうだったかもしれないと。

でも私たちはなんというか、たしかに暴力性というのを抑圧していますね。イライラしたりとか、人に八つ当たりするようなこともやっているとは思うのですが、反社会的な行動までは行かない。それは教義の影響なんだろうか。どうなんでしょう。

**藤倉**　基本的に信仰者というのは、どんな宗教でも平和主義者なんだと思います。突発的な暴力、突発的な怒りの発露以外はほぼないと思うんですよ。たとえば言葉のうえでだけでは過激な子たちもいたけど、一般の人以上に暴力に対する拒否感、自制心というのは強いんじゃないかと僕は思っていたんです。だからそれを裏切ったというか壊してしまったのが、山上容疑者だったので、僕はうろたえているんです。

僕も山上容疑者の気持ちはわかると語る2世の人たちには事件以降も話を聞きましたけど、でも「じゃあ、あなた実際に自分で銃を作ってまで安倍を殺しますか?」と問い返されたら、ほとんどの2世はNOと答えると思うんです。山上の場合は、2世としてどこかに救いを求めたりした気配がどうもあまりない。彼のツイッター・アカウントを見ても、これでは2世同士ともうまく付き合えないだろうなというパーソナリティーを見せていたので、長い年月をかけて自分のなかで、他の2世たちと違う傾向を醸成したのかもしれないですね。

**横道**　私もエホバの証人のトップ、「統治体」の人たちに対する嫌悪感はあっても、殺してやろうとは思わないし、なるべく今後自分の人生に関与させないように、と警戒する方向に行きます。ですから山上容疑者の事件というのは、その意味で2世たちの基本的な世界観を揺るがせる衝撃だったんですね。「こうなるパターンもあるのか」と。自分の分身がありえない形で出現したというような揺さぶられ方でした。

**藤倉**　2世同士でつながろうとか、誰かに相談しようとか、何かの運動をしようとかに向かわずに、孤立して悶々《もんもん》と恨みを蓄積しているような2世たちは、おそらくたくさんいると思います。そういう人たちは、僕なんかはアクセスできないわけです。山上容疑者の件で思ったのは、僕が接していないタイプの2世たちのなかに、もしかしたらこういうタイプがいるのかもしれないということでした。その意味で、山上だけを特殊事例と捉えるのはちょっと早計なのかもしれない。

**横道**　たしかにそうですよね。私もツイッターで宗教2世界隈と交流していますが、まず私の自助グループに来ようと思う人が2世でも少数派です。多くの人はツイッターで愚痴《ぐち》って、根本的な解決はしないけど、そのつどの毒抜きをしていて、それなりに満足感を得ています。でも自助グループに参加すると、自分のトラウマに自分でどう触れることになるかわからないから、やっぱり怖い。ほかの人に触れられるかもしれない。SNSでも他者とほとんど交流できない人もいるでしょうし、そういう意味で孤立度の際立った一角に山上容疑者が立っていたと考えられそうです。

**藤倉**　そうした僕らがアクセスできないから想像できていない部分というのを、それでも僕らはやはり想像しなきゃいけないいんじゃないか。そのことを山上に突きつけられてしまったのではないかと思うんですよね。

## ◉笑いながらカルトを叩く

**横道**　藤倉さんはジャーナリストですけども、支援者的な活動も若干しているということを聞きました。

**藤倉**　多くはないですよ。最近でいうと「幸福の科学」とか「ひかりの輪」なんかで。幸福の科学の人は2世で、ひかりの輪の人は1世の若い人だったのですが。生活保護を取らなきゃいけない、あるいは生活保護は取っているんだけども、他の支援団体につながらないとやっていけないとか、自己破産の手続きをしなきゃいけないとか、その手の相談が人づてで来たので。じゃあ僕、自由業で時間の融通が利くから同行してあげるよといった感じで同行するとかですね。ジャーナリストを名乗る人間が同行していると、役所の人もあんまりぞんざいなことができないというプレッシャーが暗に生まれるんでしょうけど、だいたい話がすごくうまくいきます。そういうことをたまにやったことがあるというくらいの感じですかね。

『やや日刊カルト新聞』を始める前の自己啓発セミナーの問題を発信していたテキストサイトは非常

に真面目なテイストだったので、相談ものすごく来たんです。法律関係とかカウンセリングが必要なケースは、もうどんどん知り合いの専門家に回してました。素人がうかつな助言をするのは、かえって危険ですから。一方、『やや日刊カルト新聞』はけっこうお笑い含みのサブカルサイトという体《てい》でやっているので、この新聞ができてからは、相談はそんなに来ないんですよ。このふざけた雰囲気のやつらに相談するのはちょっとなって、当事者の皆さんは思うのかなと。相談が来ても、僕にできることはだいたい、知りあいの弁護士に相談するとか、カウンセラーを紹介するとか、役所の手続きに同行してあげるとか、間接的な支援ですね。

**横道**　『やや日刊カルト新聞』は、レトロなサブカル誌みたいな印象というか、古い例でいうと『滑稽新聞』みたいな感じですよね。

**藤倉**　そうですね、僕もあんまり公言はしていないのですが、宮武外骨《みやたけがいこつ》大好きなので（笑）。『やや日刊カルト新聞』のテイストも、かなり意図的にやっています。いろいろなカルトをやめた人たちが互いの体験を話し合うなかで、「こんなアホらしいことをやらされていたんだよ」「いま思うと笑えるよね」という感じで、その被害を受けていたはずの当事者たちがけっこう自分たちの体験を笑いのネタにする場面も見聞きしてきました。そこから僕も「いや、そうだよな」と思って。カルトの問題は深刻なんだけれども、カルトのやっていることというのは本来笑える話であって、笑えるものを無理に笑わないというのは不健全だよなという。当事者であれ、第三者であれ、そうなんじゃないかと思うようになりました。

ただ、かといってかつてオウム真理教をおもしろがっていたようなサブカル、「オウマー」とか、「上祐ギャル」みたいな、そういう安易なサブカルに行っちゃうとカルトの問題というのが今度は語られなくなってしまいます。笑うだけではなく、笑いながらカルトを叩くという路線がたぶんバランスとしてはいちばんいいんだろうと。にやにや笑いながらカルトをぶん殴ると。それってすごく「2ちゃんねる」的な文化なので、たぶんカルト問題に興味がない人でもおもしろがって見てくれるだろうと。

その見てくれたところに、でもこのカルトはぶん殴らなくちゃいけない対象なんだよということで、問題もちゃんと見てもらうということができるんじゃないかと。たぶんそれをやっている人、やった人はカルト問題への取りくみのなかにいままでいないので、いまもいないですけど。まじめにやる人たちというのは専門家でいるわけなので、僕はそのへんのヨゴレをやってみようかなという。一般の人たちへのアピール手法のひとつとしていいかな。マスメディアもあまり扱ってくれないので、そういう形でインターネットで目立たせる、カルト問題を目立たせるという、そういう意図で意識的にやりましたね。

**横道**　なるほど。全盛期の「2ちゃんねる」と通底する精神があったわけですね。

**藤倉**　「2ちゃんねる」とか、あと「と学会」とかですね。

**横道**　「と学会」はたしかに似てますね！　トンデモ本を扱うようにカルトを扱っているわけですね。

**藤倉**　ええ。ただ、「2ちゃんねる」の場合は、カルトに関しては結果的に僕と似たテイストではあるのですが、全体としては被害とか社会問題なんてどうでもよくて、おもしろいものを叩くだけ。そのままコピーはしたくなかったですね。「叩かなきゃいけないものを笑いながら叩く」というところに絞らないと、なんかこう、「目立っててむかつくからこのタレント叩こうぜ」みたいな、そういう感じはすごく嫌いだったので。「2ちゃんねる」的なものと「と学会」的なものの、いいとこ取りというか。

**横道**　なるほど、社会派になった「2ちゃんねる」と「と学会」か。

**藤倉**　はい。害のないところを取って。それでいくと、アメリカの映画監督のマイケル・ムーアなんかのテイストが、僕の意識としてはいちばん近いものですかね。エイトさんなんかにも、内々では「目指せ！　マイケル・ムーア」とか言いながら、『やや日刊カルト新聞』をやってきたところなので、たぶんそうです。アメリカのドキュメンタリーには、そういうテイストがちょいちょいあるんです。B級ドキュメンタリーだとマイケル・ムーアに限らず、福音派系の過激な運動をしているちょっとカルトっぽいキリスト教のところに乗り込んでいっておちょくりながらドキュメンタリーを撮るみたいな。

どれも日本公開はされていません。ですが以前、映画評論家の町山智浩さんとタレントの松嶋尚美さんが、日本で公開されていない映画ばかりを紹介するへんな番組をテレビでやっていた関連で、それをネット上で配信する「松嶋×町山 未公開映画祭」という企画があったんです。その中にそういう、アメリカで宗教をおちょくる、おちょくらないにしても、これ明らかにへんだよね、というのを見せていくようなドキュメンタリーが何本も含まれていたんです。たとえば、クリスマス商戦に反対して過激な活動をしている福音派の教会をテーマにした『イエスのショッピング』とか、そういった作品です。時期的には『やや日刊カルト新聞』の創刊以後でしたけど、「つまりこういうことなんだよ」とエイトさんと言いながら、我々も活動を続けてきたという感じです。

**横道**　笑いの大事さはすごく共感します。あんまり理解されないこともありますが、私はエホバの証人のオフ会がかなりしんどかったほうなんですね。笑いがない空間が多くて、「どんだけひどかったか」「ほんとうに嫌だったね」と語りあっていて、もちろんそういう語りあいから励まされた人がたくさんいることを知っているんですけど。私は自分でグループを作るときに、どうしても宗教を超えた会という方向に行ってしまいました。ほかの宗教の話を聞いていると、やはり奇妙《きみょう》奇天烈《きてれつ》というか頓珍漢《とんちんかん》な感じがして、笑ってしまいそうになることがあります。そうすると、自分自身が信じていたこともじつは同じぐらい笑ってしまえるものだということが自覚されてきて、そこに一種の清涼感というか、自分の信じていたものがいい感じでスリムダウンしていく感じがありました。だから宗教2世の人たちも、シリアスに悩んでいる人が多いですけれども、私もシリアスに悩んではいる人のひとりですが、もうちょっと笑いの力も使ってもいいかなと思うことはあります。

**藤倉**　そうですね。でも笑いは人を選ぶんですよね。やはりカルトのまじめな信者、1世でも2世でも、まじめな人たちの中には、自分の体験や所属した組織を相対化して笑い飛ばす方向に行くのが得意じゃない人もいると思うので。やめたとしてもまじめに考えていきたいというタイプの人から見ると、お笑いに走っている僕らの活動は不快だったりするでしょうし。あと、さっき言った幸福の科学2世に共通している社会からの差別みたいなものに関わりますが、結局、僕らのような問題意識を持ってわざと笑いとばす人間と、そうじゃなくて幸福の科学を単に馬鹿にして笑っているだけの人間は、結果として笑っていることには変わりがない。そうすると、「いや、こうやっておもしろがっている人たちが差別を作っているんじゃないの？」という見方ももしかしたらあるかもしれない。あくまでも僕が目指したのはこういう役回りというだけであって、笑いにカルト問題全般に通用する普遍性があるとは、ちょっと考えられないんですよね。かなり人を選ぶと思います。

**横道**　勉強になります。藤倉さんのセンスや志はなかなか理解されにくいとは思うのですが、確実にわかってくれる人もいるわけですし、そのことに勇気をもらえます。

**藤倉**　ありがとうございます。

### ◉今後の支援のあり方

**横道**　当事者とは違うジャーナリストという立場から、今後の支援のあり方について思うことや期待することなどありますか？

**藤倉**　そうですね、いまそこがたぶん今回の事件の関連でいちばんみんなが困っているところだと思うんです。当事者も困っているけど、支援しようとしている側も困っているというところで。いままでも困ってきたんですけども。

まず虐待的な状態とか、生活保護が必要なぐらいの困窮状態とか、生きる死ぬとかその後の人生を大きく変えてしまいかねない状況とかというのは、とりあえず大急ぎでなんとかしなきゃいけないいじゃないですか。それは時間をかけてカルト問題をなんとかしていきましょう、みたいなスパンの話じゃなくて、いま死にかねない人を助けてあげなきゃいけないっていう局面なので、とりあえずそこに関する法律とかガイドラインとか制度をとにかく早く作ってくれないかなというところが、僕がいまいちばん焦っていることなんです。やっぱりその生きる死ぬの状態とか、その後の人生がおかしな方向に固定されかねない状況というのをまず脱しないと、次の回復とか社会生活の確立というステップに行けないので。とにかくその足掛かりをなんとかしてほしい。

あと、いま2世の相談窓口を臨時でやっている社会福祉士をアドバイザー的な感じで手伝っているのですが、相談に対応できる人材が少なすぎるんです。2世の相談となると弁護士の守備範囲ではないし、たとえば、どこどこの宗教からやめたいんですけどといった相談とか、子どもがはまっちゃったんですが、という相談を受けてきた宗教者の経験やスキルみたいなものも、2世問題にはそのまま使えないいんですよね。カウンセラーですら、2世問題を扱ったことがないとなると尻込みしちゃう人もいるぐらいです。カルトの専門家じゃないけども、虐待とか貧困とかそういった問題に理解がある、そういう分野の専門家たちにもなんとか助けを求めて、「部分的に一緒にやってくれませんか」と、広げていけないものだろうかというようなところが課題ではないでしょうか。それは僕ができることではなくて、「必要だからそのためのことをいろいろやりましょうよ」と言ってその社会福祉士のお尻を叩いているような立場なんですけども。いま求めたいのはそこですね。

貧困とか虐待とかの状態から救い出すための法律や制度というのは、社会とか政治のほうで盛りあげてもらわないと動かない話です。だからメディアの役割も重要です。メディアを通して2世問題に触れる一般の人たちにも言いたいのですが、「可哀そうだね」といった同情のためのコンテンツで終わらせないで、この人たちに社会の側ができることが具体的にあるはずなので、「児童相談所はちゃんと動いてください」とか、「生活保護の相談窓口でちゃんと申請させてください」とか、そういった具体的な方法に話を持っていくような声をあげてくれないかなと。そういう部分で呼応してほしいですね。「2世が可哀そう」というところだけで盛りあがらないで、可哀そうなままにしない方法がちゃんとあるんですよ、それを手伝ってくださいということを広めてほしいです。

**横道**　そうですね。教団絡みの裁判にしても、カルト専門の弁護士に頼れる状況がすでにあったりして、やはりそういうのってすごいホッとするじゃないですか。そこが整備されていなかったら、ものすごく心細いわけで。2世問題にすごく詳しいカウンセラーとか、「その問題に関してはこの人に頼ったらいいよ」という人がそれなりにいて、名前が出てくるようにならないと非常に厳しい状況だなと思いますね。

**藤倉**　そうですね。それは昔から言われてきましたけど、ぜんぜん充分な数がこれまでも増えてこなかったので。カルト問題の専門家を増やすのでは駄目なんだろうというのが、いまの僕の感覚です。カルト専門じゃないんだけど虐待の問題に通じているとか、貧困の問題ならわかるという方面の人に、一緒にやってもらえないかなと思います。

カウンセラーとかもそうなのですが、カルト問題とか2世問題を知らないがゆえに、へんな対応をして、かえって2世を傷つけるというのはもうあちこちで聞くんです。

一方で、2世問題とか別に詳しくないんだけども、当事者の相談内容をちゃんと聞いてくれて、「あ、つまりこういう状況なのね」ということで話をしてくれるカウンセラーにすごく救われたというケースもあるんです。つまり、カルト問題の知識はじつは必須じゃないんですよね。そのクライアントの状況をちゃんと聞いて、「宗教」という要素を引け目に尻込みすることなく、事情に応じた対応をしてくれる専門家であれば大丈夫なんです。カルトについての知識はあるに越したことはありませんが、なくても一緒に活動すればカルトの専門家から教えてもらえばいいだけですから。そんなに構えないでいろいろな人に参入してほしいなというところですね。

いままでカウンセラーは参入してきたのですが、社会福祉士はカルト問題のフィールドにほとんどいないんです。僕が頼っている人もいま一人だけなんですね。だけどその社会福祉士の知識や福祉的な発想が、カルト問題にも2世問題にも必須なんです。カルト問題の界隈ではこれまでも、献金被害等で貧困状態になった人を福祉的な側面を含め支援してきた人はいます。ですが、これは福祉の課題なんだという議論は充分に言語化されてきませんでした。

なので僕はもう何年か前から、「カルト問題と福祉というテーマで考えなきゃいけないんだ」と言ってグループを作ったりとかやっていたんです。そうしたら偶然にも、だんだん2世問題がテレビとかで取りあげられるようになってきて、今回の山上事件とかもあったので、ほら、やっぱり福祉の知見がないと駄目だよねという話に、どんどんなっていっています。

それでもなお、まだカルト問題のほうに入ってきてくれる社会福祉士はいないんです。カルト問題をやっている古い人たちも、福祉の視点を取りいれたり活かしたりする具体的な行動に出ている人は少ないです。たぶん「カルトの専門家」だけでは、互いの視野がなかなか広がらない。そういう意味では、2世問題も使う言葉はともかくとして、「カルト2世」と言わずに「宗教2世」という言い方でその問題意識や分野を広げていくというのはけっこう大事かもしれません。この先に必要なのはカルト問題の専門家じゃなくて、カルト問題に含まれるひとつひとつのイシューの専門家なんじゃないかなという気がします。

**横道**　カルト問題の第一人者から、支援ではカルト問題にとらわれなくていいという、なんとも刺激的な意見をいただけました。たいへんな有意義な時間をいただけたことに、感謝いたします。

第九章

塚田穂高×横道誠

# 「宗教2世」問題が、多文化共生、多文化理解の文脈につながっていくということは非常に重要だと思っています

――宗教社会学者・塚田穂高さんとの対談

## ◉宗教社会学との出会い

**横道**　まずは塚田先生のこれまでの仕事の経歴を知りたいです。

**塚田**　専門は「宗教社会学」です。「宗教」を対象とした「社会学」ですが、平たく言えば「宗教と社会」との関係を幅広く問う学問です。基本的には、日本の宗教を対象としてきました。特にいわゆる「新宗教」です。学部三年のとき（二〇〇二年）に、「宗教社会学」「新宗教研究」という学問に出会いましたので、二〇年前になりますね。そこで日本の新宗教の多様性、バラエティの豊かさみたいなところに非常に関心を持って、こういう学問・研究の道に

進もうと決めた次第です。
卒業論文で扱ったのが、新宗教の「2世信者」についてでした。インタビューに基づき、「ライフヒストリーの宗教社会学」という趣旨でまとめました。ただそれは、いわゆる「宗教2世」もいろいろいるわけで、それこそ教団のなかで「頑張っている」ような、悩みつつ、いったん親元を離れたり、教団からほとんど完全に離れたりするものの、また戻って、熱心に信仰・実践するようになったような「宗教2世」の事例でした。当時はやはり、そうした教団ベース、教団のなかで人々がどのように信仰しているかという方に関心があって、世代間で信仰がどう「継承」されていくかということ、教団のなかで活動する「2世信者」というテーマを卒論で扱ったというのが、そもそも初めでしたね。

**横道**　長野県のご出身で、東京大学の大学院に行かれていて、たとえばオウム真理教なんかに思い入れというか、そういうのはありましたか。私と塚田先生は同世代ですが、私はカルト宗教の2世だったので、高一から高二の頃のオウム事件の報道にも非常に深い関心を寄せていました。

**塚田**　オウム事件は、私の場合は中二から中三にかけての時期ですが、正直に言ってあまり影響はなかったです。もちろん松本サリン事件や、あるいは長野県内でオウムの施設があるだとか、そういうニュースには触れていましたが、やはりメディアを通じてというか、テレビのなかの話でしたね。なので、年長世代の宗教研究者には多い「オウム事件が決定的な影響を与えた」というのは、私の場合はないです。首都圏でふだん自分や家族が通学・通勤などに使っていた地下鉄でサリン事件があったような立場だったら、また違っていたかもしれませんが、私の場合はやはりある種距離を感じます。もちろん重大事件というのはわかっていましたが、それが自分の宗教観、宗教への向きあい方に影響を与えたというのは、正直なところないですね。「ポストオウム世代」だと思っています。

**横道**　どういう背景をお持ちで、宗教社会学に関心を持たれたんでしょうか。

**塚田**　端的に言えば、授業で出会って、「おもしろい」と感じたというのがいちばん大きいです。特に背景があるわけではないですね。

**横道**　2世問題から出発されたというのは、かなり先駆的というか、早い時期の研究ですよね。

**塚田**　たまたまの面もあります。あちこち教団調査などに行くなかで、そういう人たちに出会っていった。同世代とか少し上の世代の信者さんなどと話していくと、「2世」がすでに多かったということですかね。「1世」として入信する・した人たちにももちろん関心はありましたが、ただやはり「2世」は、最初の条件が違うわけですよね。そもそもその信仰を持った家に育つという感覚がどんなものなのかなという、そこに学問的な「おもしろさ」を、そしてまた自分とは異なる、環境的に違う対象に対する異文化理解の関心というものも強かったですかね。

出発点はとにかく、新宗教というのは「おもしろい」というところですね。もちろん人によっても違うし、教団によってもさまざまです。そういうものが同時代の同じ社会にいくつもいくつもある。ひとつひとつ個性があり、その多様性みたいなものに惹かれたというところが大きいです。

それで大学院に進学、東大の宗教学に進みました。修士課程時も新宗教の教団研究を続け、修士論文では教祖の「カリスマ」の次世代継承などを対象として扱いました。その後、博士課程に進みました。ただ、博士論文に向けた研究テーマということを考えていった際に、「新宗教はおもしろい」ばかりではいけないというか、より社会との接点みたいなことを意識するようになり、それで「新宗教とナショナリズム」「新宗教と政治活動」といったところへ関心を伸ばしていったというわけです。

ひとつは、「宗教情報リサーチセンター」（RIR

C、ラーク、公益財団法人国際宗教研究所の附属機関）の研究員となったことで、そこでさまざまな宗教に関する事件や出来事の情報、「宗教と社会」のインターフェイスみたいなところに触れるようになったことが大きいですね。ジャーナリストの藤田庄市さんなどにも出会いました。「カルト問題」への関心にもつながっていきました。宗教自体に非常に関心があるし、「おもしろい」し、基本的に「好き」なわけですが、ただその自分が「好き」な対象であるところの宗教にまつわって、さまざまな社会問題、自由の制限または阻害、人権侵害が行われているということにも気づかされ、関心を持つようになっていったのが博士課程の時期ですね。

**横道**　博論のテーマはどのようなものになったのでしょうか。

**塚田**　それこそ宗教と社会との接点ということで、日本の（新）宗教のナショナリズムと政治活動という方向につながっていきました。大きかったのはやはり、二〇〇九年に幸福の科学が政治進出したことですね。自分がさまざまな教団調査、参与観察・フィールドワークをしていくなかで、同年五月一〇日の日比谷公会堂の講演会に行ったら、目の前で「幸福実現党を立党します」「次の選挙で全選挙区立てます」などと政治進出宣言を始めたと。どのメディアよりも先に、私が知ったということです。そういう現場に出くわしたインパクトも大きかったですね。そうやって目の前で対象自体が動いていくようななかで、日本の（新）宗教のナショナリズムと政治活動などに関心を向けていった。それが、いま専門としてやっている宗教団体の政治活動とか、政教分離の問題、宗教と政治の関わりという問題意識を作っていったというところですかね。

## ●新宗教研究のスタンス

**横道**　二〇一五年に博士論文を基にしたご著書『宗教と政治の転轍点――保守合同と政教一致の宗教社

会学』（花伝社）を出されて、日本宗教学会賞を受賞されて、その二年後に最近話題になっていた『徹底検証　日本の右傾化』（筑摩選書）という本を編著で出されていますよね。この本では『やや日刊カルト新聞』の藤倉善郎さんや鈴木エイトさんと協働されていますが、このおふたりとは、どういうふうにつながったのでしょう？

**塚田**　それも博士課程のとき、宗教情報リサーチセンターの研究員時代に遡ります。ジャーナリストで同僚の藤田庄市さんの著書のお手伝いをして、『宗教事件の内側――精神を呪縛される人びと』（岩波書店、二〇〇八年）の巻末資料「宗教事件関係年表」「教団・団体解説」の作成をしました。オウム真理教、統一教会、法の華三法行、明覚寺、顕正会、幸福の科学、ワールドメイトなども含め、ここ三〇年ぐらいの事件や裁判などを年表にしたことなどで、この種の問題の裾野の広がりを実感しました。貴重な機会でした。

その過程で、全国霊感商法対策弁護士連絡会に出会って、その取りくみを知るようになりました。弁護士の先生方とも知り合うとともに、今回の銃撃事件後にようやく一般のメディアでもさまざまに聞かれるようになったような統一教会の脱会者や「2世」の体験談とか、そういう実態をリアルに知るなかで、「カルト問題」に出会った衝撃は大きかったです。

そうした流れのなかで、藤倉さんやエイトさんにも出会いました。『やや日刊カルト新聞』の立ちあげは二〇〇九年ですが、その前からウェブメディア等で書いていたので、自然と遭遇したという感じですかね。最初は非常にうさんくさい人たちだなと思っていましたけど（笑）。しかし、「ふざけている」ようで問題への姿勢は真摯そのものである、取材と報道に継続性があり「それで売れてやる」という感じの人たちではない。何より芯を食った取材と報道。信頼するようになっていきました。問題を追う面々のなかでは、世代も近いですしね。自然と親しくなりました。
**横道**　なるほど。新宗教を研究すると、訴訟リスクも高めだと思いますが、そのあたりの苦労はありましたか。
**塚田**　新宗教研究が一概に訴訟リスクを抱えるということでもありませんが、私の場合はまだたいしたことがないかなと思います。いずれにしても、スタンスの取り方は難しいところです。従来型の「オーソドックス」な教団調査は、教団に連絡して、親しくなり、教団・広報のお膳立てで会う人なども決められて、話を聞かせてもらうようなものでした。その方がデータも得られますし、話も聞けるということで、そういうのを日本の新宗教研究などは長らくやってきたわけです。私自身も当初はそのスタイルでしたし、今日でもそのやり方で何の疑問も感じない研究者もいます。ただやはりそれだと限界や問題があることを痛感させられたのがオウム事件であり、「カルト問題」の深刻さということになります。

島田裕巳のような「宗教学者」が、従来型の教団お膳立て型の調査スタイルを軽薄かつ迂闊《うかつ》にもオウムの場合にも用い、教団側の説明を鵜呑みにして垂れ流し、サリン工場であった第七サティアンに行って「宗教施設であることは間違いなかった」（『宝島30』一九九五年三月号）などと醜態を晒《さら》したわけです。その反省があるので、やはり従来型のままではダメだということで、ここ一五年ぐらいで宗教・教団研究のあり方への問題意識も変わっていった面があります。

その点では、櫻井義秀先生（北海道大学・宗教社会学者）は「カルト問題」研究をほぼ単身で切り拓いてこられたので、本当に大変な目に遭われています。自宅の塀に団体関係者の車が突っこんできたりとか、所属機関に対する嫌がらせとか。防犯対策や機関への対応などに多大な労力が費やされる。

そういう状況を聞いていたので、私としては慎重に、つけこまれないように、確実なファクトに基づいて発信するよう心がけてきました。その点では、そこまで直接的というのは今のところありません。

ただ、SNS上での嫌がらせとかはありますね。二〇一五年に単著を出したのをきっかけにツイッターを始めたのですが、「カルト問題」や宗教と政治の問題について発信するようになると、わらわらと湧いてくるようになりましたね。写真を晒しての誹謗中傷とか、「実家周辺まで行きました」とか。自団体の社会的評価を貶《おとし》めることにしかならないと思うんですけどね。オウムの後継団体の「ひかりの輪」（上祐史浩代表）関連からは、難癖をつけられたりすることもありました。

あとは、幸福の科学から実質「出入禁止」にされたことくらいですね。「偽装・虚勢・無反省――『新新宗教』に蔓延する諸問題」（『中央公論』二〇一四年一月号）という論考で問題点などを指摘したところ、編集部に教団職員らが抗議に来ましたし、私自身も広報局員に呼ばれて「誰の指示でこういうことを書いているんだ」などと詰問されました。ただ、これもリサーチとファクトに基づいて論じているものですので、ひとつひとつ返答していったら、それっきりでした。この団体を調査し続けたいから、そのために問題点などはなるべくスルーしておこう、という選択肢は私にはなかったということです。その程度です。

## ◉宗教と政治をめぐる問題

**横道**　ありがとうございます。その宗教と政治をめぐる話題で、最近マスメディアに頻繁に出ておられますけど、特に主張してこられたこと、特に強調したいことというのは、どういうことなんでしょうか。

**塚田**　さまざまな「誤解」を解きたい、「デマ」を撲滅したい、というのが基本的姿勢です。統一教会の問題は、「宗教と政治の問題」というより、まず「カルト問題」なんですね。そこを間違えると、とたんに混乱してしまう。

私自身は、やや特殊な説明かもしれませんが、「○○がカルト」「統一教会はカルト」とは言わないやり方をしてきていて、「カルト問題」だと一貫して言ってきています。「カルト問題」とは、主に「宗教」をめぐって（必ずしも「宗教」に限らないのですが）起こる人権問題・社会問題のことです。そこには当然、程度の問題、グラデーションがあります。「○○がカルトかどうか」論は、途端に「じゃあカルトの定義や基準を言ってみろ」みたいな話にすぐなってしまうので、時間の無駄です。そうではなくて、実際に社会のなかで特定の団体やその成員が引き起こす眼前にある具体的な人権問題・社会問題にこそ向き合うべきだと思っています。

よって、その点で言えばやはり統一教会とその成員が行ってきた行為は、「カルト問題」の最たる事例としてどうしても名前が上がってくる。教会自体に責任を認めた民事訴訟の判決も三〇件以上、成員に対する刑事手続も三〇数件超あるので、やはり度が過ぎている、群を抜いているわけです。現存の団体でそこまでのものはないでしょう。

よって、「統一教会と政治」というのは、まずそういう団体、少なくともそういうことをずっと行ってきた団体と自民党などの政治家が密接に関わってきた問題だということです。それが適切ではなかったということです。そこを飛ばして、いきなり「宗教と政治」みたいな話には行くべきではありません。今回の問題は、統一教会の特殊性を必ず押さえて論じなければいけないというのが第一です。

そのうえでの「宗教と政治」の関わり一般についていうのであれば、宗教と政治、政党、政治家との関わりをもっと見えやすく、可視化・透明化していくことが必要だというのが結論であり、教訓です。

**横道**　私が自助グループをやっていると、やっぱり創価学会の2世の人がけっこう来て、学会は自分たちにとってはカルトだということを言われたりもするんですが、先生は創価学会と公明党に関してはどのようなことを思われますか。

**塚田**　もちろん何の問題も存在しないとはしませんし、「宗教2世」問題で共通性として考えていかなければならない面があることは事実です。しかし、やはりまず今回の統一教会の場合とでは、タイプや程度が違いすぎるかと思いますね。『文藝春秋』や週刊誌などは、統一教会の問題に便乗して創価学会―公明党の方に飛び火させたい動機でやっていることが大体ですから、「ああまたやっているな」「オウム事件の後の宗教法人法改正論議と同じだ」「雑だな」とみています。「宗教と政治」一般の問題への意図的な混同だと思いますし、今回の統一教会問題の解決や被害者救済・被害防止を第一とするなら、遠回りや論点逸らしにすらなると思います。

「宗教と政治」の問題としては、原則として宗教団体が政治や選挙に関わること自体は国の法的見解として自由ですし、それは権利だと思います。さまざまな団体が、信教の自由を守れとか、世界平和の実現をとか、核兵器廃絶とかを訴えて、さまざまな政治活動・関わりをしており、それも含めて関わってはいけないということはやはり全然ありません。その点は、死守しないといけないところであり、今回の話が「宗教団体が政治に関わってはいけない」などということに及ぶとはとても思えません。

ただ、先述のように何の問題もなしとはしないわけであり、やはり関係をはっきりさせていくことが大切です。「よくわからないがなんか宗教と政治がつながっている」とか、宗教団体と政治家や特定の政党がつながっている感が、蔓延《まんえん》しているわけですし、実際よくわからないわけです。それに対して、一般的に忌避感は強いわけです。それは、もちろん誤解とか偏見でもあるものの、社会の側で改めていく対応と同時に、宗教団体側と政治家側が改めていく、健全化していくことが必要です。

創価学会―公明党の場合は、関係自体ははっきりしていますよね。明らかにつながっており、その点はクリアーかと思います。幸福の科学―幸福実現党も、その点は明確です。知らないで幸福実現党に入れた人も多少はいるかもしれませんけど、「あそこは幸福の科学の政治団体らしいよ」とわかる。その結果、全国比例で一五万票も入らなくて、ひとりも当選者を出さないのですから、宗教団体が自由かつ明確に政治活動を行った民主主義の成果・投票行動の結果ということで、それ自体は問題ないのかと思います。

よって、その点では創価学会―公明党もクリアーですが、ただやはり何を求めているのか、創価学会として公明党にどういうことを働きかけ、公明党はどうして政権与党に居続けようとするのかといったところはもっとわかるかたちで発信していかなければというのが、創価学会―公明党がやるべきことのひとつではありますよね。

## ◉2世問題への関わり方

**横道**　私は当事者研究の形で自助グループをやっていて、私自身もエホバの証人の2世なんですね。統一教会の2世であるとか、幸福の科学の2世であるとか、創価学会の2世であるというかたとかと話していると、2世としての体験はさまざまでも、結果的にいま思うことや感じ方は近しいところがあって、「宗教被害」を受けているということに連帯感を感じます。これは当事者としてですね。私も先生と同じく大学教員で研究者ではありますが、宗教問題への関わり方は、宗教の専門家でなく当事者として関わっているからです。それで、私と先生の2世問題への関わり方は、どのように共通していて、どのように相違しているのかということが気になります。

**塚田**　「宗教2世」問題への関わり方の違いですか。

**横道**　はい。いわゆるカルト宗教と言われていないような新興宗教であっても、場合によっては伝統宗教でも「宗教2世」問題が発生するということで、当事者たちは意見が一致することが多いんですけど、これはさっきまでの宗教と政治の話とは、ちょっと違う次元の問題だと思うんですが、先生はどのように思われるかなと思いまして。

**塚田** 「宗教2世」問題の共通性の面、ということですね。創価学会―公明党のところでもう一点言っておくならば、これは「宗教2世」問題ともつながるかもしれませんけど、その教団の方針が押しつけられることの問題性です。それは「宗教と政治」の関わりというよりも、その宗教団体と個人、そこに家族もあいだに入るわけですが、その関係というところで創価学会―公明党の政治活動を含む問題も見ていかなければなりません。

具体的には、選挙などの政治活動が「強制」的にはたらく、投票行動が方向づけられるというところですね。この家に生まれ育って、この会員として生まれ育ったからにはもう、そう活動し、投票するのが当たり前だとなっている。そうするとそれはやはり自由の制限につながりますし、「宗教2世」の問題にもつながります。「宗教と政治」、創価学会―公明党をめぐる問題でいちばん考えなければならないのはそこかと思います。選挙活動・政治活動が、宗教実践・所属とがっちり結びつき、組み込まれているというところです。そこは、はっきり透明化をし、しっかり自由を保障するべきでしょう。

「宗教2世」問題自体については、私自身は「カルト2世」みたいな言い方はしていないですし、やはり連続性、グラデーションのなかで捉えられるべきことでしょう。だから当然、「宗教2世」のあいだでの連帯感や、共通性や一般性みたいなところと、教団によって激しく独自の表れ方をするという特殊性の両面があると思います。程度の問題が入ってきます。

また、この問題はいわゆる新宗教に限るべきでもありません。横道先生も出演されたＡＢＥＭＡの「2世信者」の回（二〇二二年八月八日放送）で芸人の「笑い飯」哲夫氏が「特定の新宗教の話でしょ」などと言っていたのは、実に浅薄かつ皮相的な理解でした。伝統宗教でも、類似の問題は出てきます。仏教などでも、表れ方は多少違うかもしれませんが、生まれながらにそのお寺を継ぐことがもう絶対に決まっている、継がないなら家を出て行け、家族の縁を切るみたいなことはあります。そのためには修行をしなければ、道場に行かなければいけない。そこでは理不尽な暴力などにも必死で堪えなければならない、みたいなのは、構造的には一緒かと思います。キリスト教の場合も、教派や教会次第、そこの聖職者（牧師等）次第、また家族次第というところもありますが、似たような問題は現にあります。新宗教の家以外では無縁、というわけではないですよね。

それはまた「宗教」に限らないのであり、横道先生の自助グループにも来られるかもしれませんが、スピリチュアルな団体とか自己啓発セミナーとか、あるいは陰謀論にハマった親、政治団体・レイシズム団体の親元で育った子どもたちの場合にもつながってきます。よってそこは切り離さず、一体性や連続性を持って捉えていくべきだと思いますね。

**横道**　私と非常に近しい意見で、なんだか感動しました。私は宗教というのは基本的になんでもカルト性を持っているもので、たとえば、仏教の「死んだら地獄に落ちる」とかも時代や地域が変わったらカルトに入れると思うんですね。ただ一般的に伝統宗教の場合は、多くの場合は、私たちの日常生活を破壊しないように自分の教義を制限しているので、それはやっぱりカルト団体とは言えないだろうと。一方ではそのカルト集団の場合には私たちの常識を侵害するというか、そういうふうなものがあると。たとえば、エホバの証人であったら違法ではないですけれども、投票行動を禁じたりとかそういうふうなことをしているので、それはカルト的な性質があると思うんですが。こういうふうなカルトの考え方というのは先生はどういうふうに思われますか。

**塚田**　先述の通り、私は「ここはカルト団体」というふうには捉えないので、他方での「カルト的な側面」「カルト性（の程度）」という捉え方は有効だと思います。フランスの「セクト」をめぐる10の指標の考え方にも近いかなとも思います。教え・思想の内容に踏み込んだり、その団体自体を「カルト」「セクト」認定するというよりは、その行為や社会的影響、社会的表れというところで、「カルト度」「カルト性」を社会との接点で見ていく視点が基本です。そういう問題の個別の表れで見ていくのです。

ただ、例としての、エホバの政治活動・選挙拒否の教義自体は、ただちにそういう自由の制限とか人権の抑圧、人権侵害につながるかどうかは判断が難しいところです。選挙権は自由な権利ですが、他方で「信教の自由」は当然あるので、そういう拒否の選択をすること自体は自由です。むしろ無理やり政治に参画させることができない。ところが、「宗教2世」の場合は、むしろ拒否すること自体は教団を背景として、家庭を通じて強いられている面が強い。そこが問題になります。

**横道**　どの宗教でもカルト性が一定程度あって、現代の二一世紀の日本人にとってみると、どの宗教も結構特殊な教えですよね、一般常識としては許容されない教えが多いと思うので。宗教とはそういうふうなものなのだから、宗教を「一八禁」にしてはどうかというアイデアを聞いて、いろんな人たちと話題にしています。一種の思考実験です。一八歳までは宗教をニュートラルにフラットに教えておいて、成人したら自由に選んでいいと。もちろん選ばなくてもいいと。そういうふうな宗教リテラシー教育を導入すべきだというような、未来小説のような発想ですが、先生はこのアイデアってどう思われますか。もちろん宗教界は、絶対に反対すると思うのですけれども。

## ◉「子どもの信仰選択の自由」

**塚田**　もちろん信仰を自由に選ぶ機会が確保されるべきだという点については、大賛成ですね。ただ、同時に思うところは、やはり家庭で信仰を伝えていく自由・権利も認められなければならないだろうと。そのバランスです。「一八歳まではニュートラルに」となると、日本で暮らすムスリム（イスラム教徒）の家庭で、幼少期から宗教的しつけというかたちでイスラム的な考え方や実践を教えてしまいかねません。ないのか、ということにもなってしまいかねません。もっとも家庭によってかなりのちがいはありますが。よって、子ども時代に教えこむのは一律禁止というのは、そういう難しさがどうしてもあると思います。グローバル化、宗教の多様化・多元化が進んでいくなかではそういうことも考えなければなりません。

「子どもの権利条約」でも、一四条一項で子ども自身の信教の自由の権利がまずあります。それに続く同条二項で、父母が子どもに対して「その発達しつつある能力に適合する方法で指示を与える権利及び義務を尊重する」とあります。大切なのは、適切な時期において、発達段階に応じて、というところですね。そこの点検がなくて、幼少期から地獄だとか悪魔だとか、仏罰が当たるなどと刷りこむことが問題だと思います。

そんななかで、たとえば教育現場などはどのような対応をすべきなのか。ここでも信仰を持った子どもたちに、その教えで禁じられているようなことを無理やりやらせることは、生命の安全を軽視したり、教育課程自体を全否定するのでもないかぎりできない。根本的には本人が選んでよい・多様な選択肢があることを伝えつつも、宗教上で「何々ができない」「格闘技ができない」などにはきちんと配慮し、そこで排除して除け者にしたり、そんなことは認められないなどとするのではないことが必要だと思います。

「学校現場で必要な宗教上の配慮について知って

おきたいこと――多文化共生・自文化理解・教育の環境づくり」（上越教育大学『「人間力」を育てる――上越教育大学からの提言6』所収、二〇二二年）という論文では、例としてあげたのがイスラム教、エホバの証人、創価学会の子どもたちです。もちろん「宗教2世」の子どもたちが、教団と家・親にやらされている面は注意しなければならないのですが、学校や教員の立場からすると、そういう宗教的背景を持った子どもたちの信念や実践が、学校現場でのほかの子どもたちの実践や教育内容とぶつかりうる場面はあると思うんですね。その際に学校側、教員側、あるいはクラスの友人が知ること、配慮することで、「宗教2世」を孤立させないことにつながると思います。

**横道**　宗教2世の話になると、マスメディアはしょっちゅう「信教の自由を侵すのか」という話をするじゃないですか。それらの論調を聞いていると、おとなの「信教の自由」の範囲に「子どもの信教の自由を侵していい」ということを当然と思っている人が多いような気がして、暗澹《あんたん》たる気分になります。

**塚田**　そのとおりだと思いますね。そちらばかりに考えが行ってしまっています。非常にバランスが悪いところです。なぜ、「子どもの信仰選択の自由」という観点が弱いのか。批准された「子どもの権利条約」にあるような方向に長らく向いていなかったということです。それが、児童虐待等の社会問題化、社会的関心が高まっていくなかで、ようやく子どもの側という意識がちょっとずつ育ちつつある状況なのかなと見ています。

**横道**　一方で、おとなの信教の自由がそもそも保障されていないという意見も、最近の対談で聞きました。日本では宗教をやっていることが話題になると、差別的な言動をとられたりすると。それは先生どのように思われるでしょうか。

**塚田**　それはちょっとよくわからない見解ですね。信仰者に対する社会的な偏見や差別はもちろんあってはならないことなので、なくしていかなければなりません。ただ、それがただちに「信教の自由」を侵されているということにはならないと思います。

国や自治体、その機関などが、特定の宗教を優遇したり特別な結びつきをすること、特定の信仰や宗教的活動を押しつけることこそが、「信教の自由」の侵害です。あるいは、統一教会が長年やってきたように、入信の段階で宗教であることやこの先どういう実践を求められるかを隠すことで自由に信仰を選択できないことなどが、「信教の自由」の侵害です。特定の宗教に入っていることや実践が社会的な批判を浴びるから「信教の自由」が確保されていない、ということにはならないですね。

## ●映画に描かれた現代宗教

**横道**　なるほど。話題が変わりますけど、二〇〇九年の『映画で学ぶ現代宗教』（弘文堂）という本に、映画の『カナリア』について寄稿されていますよね。いま、先生が思いかえされてみて、この『カナリア』という映画は二〇〇四年の映画なので、二〇年近く前ですけれども、どのような現代性があると感じられますか。この映画はかなりストレートな仕方でオウム事件に取材していましたね。

**塚田**　あの本は、「カルト問題」系と新宗教系の映画は、全部私が担当するという割りふりでしたね（笑）。そこでもすでに「宗教2世」問題について書いていたのでしたか。

**横道**　先生は、当時すでに「2世信者」「信仰2世」といった語を使って、2世問題に注目されておられます。

**塚田**　やはり、新宗教研究のなかの「2世信者」研究が念頭にありましたし、自分でも研究してきていたので、『カナリア』には響くものがあったのでしょうね。特定の教団のなかで生まれ育つとか、あるいはその親に連れられてそういう特別な隔離された環境下に入っていったことが、その後の展開や問題まで含めてよく描かれていると思いました。

この項を執筆したころは、私としても「カルト問題」に非常に関心が向いてきた時期で、オウムの裁判も最終段階、幹部たちの死刑が次々と確定していくような時期でした。オウム問題のその後と現在、終わっていないことだということを、「2世」の存在と絡めて注目されるべき問題として書いた、そんな記憶がありますね。

**横道**　私はこの映画を観ていて、主人公が教団に反抗しながらもしっかり洗脳されているというのがきわめて納得というか、自分の体験に照らして「そうなりますよね」と思いながら鑑賞しました。教団の幹部で、若い頃の西島秀俊が演じていた――イケメンの幹部ということで、たぶん、そういうイメージして芸能人的に扱われたことがある上祐史浩をモデルにしているんじゃないかと思ったんですけど――彼がちゃっかり再出発して主人公に理性的な励ましを与えたりとかするっていうのは、リアルといえばリアルですが、ご都合主義的な感じがしたというか。上祐はいまでも「ひかりの輪」をやっていて、「再出発」しているようには見えませんしね。

**塚田**　上祐がモデルだとはあまり考えたことがありませんね。上祐がオウム時代を本当に「総括」「反省」して再出発しているとも思いませんし。『カナリア』の主人公は、幼少期から教えを受けて育ったタイプではないんですよね。ある程度大きくなってから、親に連れられてというタイプです。だから最初は反抗的ですが、それが変わっていくと。純粋というか、非常に模範的で、熱心で真面目に信仰する様子になっていくわけです。一方で、先輩的な幹部（おそらく「1世」なのでしょう）が、「あれはまちがいだったんだ」というふうに、本当にちゃっかりと、しっかりと総括して脱会・再出発をしている様子でした。

もちろん実際に「1世」やおとなの信者がすっぱり切り替えられるかというのは別問題ですが、いずれにしても主人公の少年は教団を脱した後も、逃避行のなかでも、刷りこまれ、教えこまれた実践と信念が抜けていないわけですよね。そこが非常にリアルというか、「宗教2世」の問題、脱会後や親元と教団を離れた後でも続きうる信念、その与えうる影響の深刻さや根深さ、そこから再出発を図っていく際の難しさなどを、非常に巧みに描いているなと受けとめました。

**横道**　先生の最近の論文で、紀要に発表されていたものを拝読しまして、『星の子』についてのものです（「小説・映画『星の子』が描く宗教・家族・学校──『宗教2世』問題の理解と考察のために」『上越教育大学研究紀要』四一─二号、二〇二二年）。二〇一七年に今村夏子さんの小説が出て、二〇二〇年に映画化されて、つい最近、二〇二二年の四月か五月ぐらいにネットフリックスとかアマゾン・プライムで公開されて。じつは、これは安倍晋三の銃撃事件が起こるまで、菊池真理子さんのマンガの打ち切り問題について、宗教2世界隈の大きな話題でした。見るか見ないかということをいろんな2世が悩んでいて。見たらフラッシュバックが起きるんだけど、でも2世としては見ないわけにはいかないとかいうことで、ある意味では平和な時代でした。そうしたら銃撃事件が起こって、2世が大々的な社会問題になり、大騒ぎに。

先生は論文で、原作に比べて、映画版がより厳しく軋轢《あつれき》を表現していると指摘しておられて、非常に納得しました。ひとつお聞きしたいのは、描かれている教団は新宗教というより、自己啓発セミナー的な印象があると指摘されていましたね。私も、たしかにそうかなとは思うんです。どの宗教かバシッとモデルがあるというわけじゃないんだろうなと思ったんですけど。一方で多くの宗教2世たちは、「この映画は自分たちの出身教団に取材したんじゃないか」と言いあっていて。この描写の普遍性とはなんなのかなと思いまして。

**塚田**　なるほど。モデルにした特定団体はないと思いますが、やはりそういう一般性・普遍性を持つ描き方がなされているのでしょうね。作中の団体の描き方自体はかなりぼんやりしていましたね。今村夏子さん自身も最初から宗教を描こうと思っていたわけでもないと言っています。

それでも多くの「宗教2世」当事者に、「まるで私のところ」「私の体験みたい」と感じさせるというのは、やはり深く抉《えぐ》るところ、当てはまるところに、ものすごく触れているということなんでしょうね。フラッシュバックですか……。あるんですね。芦田愛菜さんの演技に、健気さのなかの切なさやつらさみたいのはありますけどね。

**横道**　私自身で言うと、エホバの証人だったら莫大な献金などはないので、大量にあの水、「金星のめぐみ」か、そういうのを購入しているとか、あるいはあのカッパを連想させる儀式、頭にたたんだタオルを載せて「金星のめぐみ」を上から注ぐとか、ああいうあたりはぜんぜんエホバの証人と違うと思って余裕で見ていたんですけど。やっぱり無味乾燥的なホールに集まって、私の地域では大阪城ホールが地域大会の会場でしたが、セレモニーの印象なんかは、エホバの証人にすごく似てるなと思って、苦笑いをして、苦笑いをしながらも、フラッシュバックはありました。

**塚田**　ああ、たしかに集会シーンはそうかもしれない。他方、『星の子』では布教の場面がほとんどなかったですよね。エホバの脱会者の方も、子どもが布教している姿はやはりフラッシュバック、思い起こされてつらいというのはよくうかがいます。

**横道**　はい、エホバ2世の戸別訪問に取材した映画『あかぼし』なんかは、私もきついです。「ムチ」に関する暴力的表現がないのは、甘いとも感じましたけれど。

先生は『星の子』論文で、原作になかった一言として、ヒロインの芦田愛菜が憧れている南先生、岡田将生が演じる彼が、ヒロインの親ふたりが儀式をしているのを夜道で見かけて、「完全に狂ってるな」という場面があるじゃないですか。あそこはやっぱり、そのあと芦田愛菜が演じるヒロインは泣きながら街を走っていくというふうな場面がありましたけど、私はやっぱり自分の親がそう言われている感じがしたというか、「そりゃあそう見えますよね」と感じて、非常にきつい感じがしましたね。

**塚田**　そうですね。私としては、この論文を所属先の教育大の紀要に書いているわけですが、それはやはり「ああいう感じで先生が接したらダメなんだよ」ということを伝えたかったというのはありましたね。

結局、「2世」問題ということでは、私は当事者ではないですし、できることは社会の側の理解や偏見の除去をどうやっていくかということに、第一に本腰を入れていくべきだと思います。教育大という場点では、その取りくみのなかで教育・学校という場の持つ意味の大きさを考えていますので。その面でも、得るところが大きい映画ですね。「悪い見本」という意味も含めて。

他方、友人関係の描き方としては、実際にはああいうふうにはいかないのかもしれませんが、理想的というか。「宗教の家の子」だということは認識しつつも、非常にフラットに接してくれることの意義、救われる面もあるのかなというふうに感じました。

**横道**　たしかにあの映画は、親や教団の信者よりも、むしろ南先生がいちばんグロテスクに見えてしまうというふうなところもありました。

**塚田**　そうなんですよね。両親もほんとうに純粋な信仰と言ったらよいのか。ただ、それが困窮につながっていて、あまり献金という感じではなく、生々しく描かれていたわけではないものの、やはり生活の質が明らかに落ちていくという面も、描いていましたね。その点では見どころが多いですね。

## ◉社会問題として取りくむ

横道　ほかに何か、2世を描いた創作物で、先生が興味を持ってる作品などは。

塚田　特に二〇一〇年代以降は、コミックエッセイが非常に重要かなと思います。SNSなどメディア環境が大きく変わったということだと思いますが、「2世」の体験がそういうかたちで出てきたのは、大きいですよね。

横道　先生は菊池真理子さんのマンガ、連載時から読まれていたんでしょうか。

塚田　ああ、もちろんです。

横道　どのようなご感想を持たれましたか。

塚田　とても「新しい」と思いましたね。もちろんそれ以前も、いしいさやさんとか、たもさんの「2世」マンガがありましたが。菊池先生の場合は、ご自身の経験のみというスタイルではなく、複数団体の多様な「2世」の姿と悩み・問題を横断的に描いているというところがそれまでなかったですよね。描き方の問題意識が菊池先生の体験にたしかに根差されているうえに、広く共通する問題性を描き、問うているところで、新しいフェーズに入ったと感じましたね。衝撃的でした。だからこそ、幸福の科学による抗議を受けての打ち切りはありえないことだと思いましたし、集英社の姿勢は情けないかぎりです。それだけに、この作品が抗議・打ち切り以前の何倍も注目されて、大手他社の文藝春秋社で単行本化（『「神様」のいる家で育ちました――宗教2世な私たち』）されたのは当然の帰結と思います。この問題の社会的重要性、覆い隠せなさということも表していると思いますね。

横道　今回の対談で、塚田先生が宗教と社会の問題を学生時代に選んだというお話のなかから、多様性、社会の多様性ということをすごく大事にされているんだなというのを、今日のお話全体ですごく感じました。大学教員として模範的なあり方ですよね。

塚田　紆余曲折を経て、たまたまそうなったという面も強いですけどね。ただ、「宗教2世」問題をめぐる本が、明石書店から出ることの意義は大きいと思います。

**横道**　そうですね。

**塚田**　教育関係、移民問題、差別問題に強く、外国にルーツを持つ子どもたちの問題、多文化共生、多文化理解の問題を幅広く扱ってきた版元ですから。

「宗教2世」問題が、そこの文脈につながっていくということは非常に重要だと思っています。マイノリティの子どもたちの問題というのは、外国人子弟などに限った問題ではないということですから。翻って言えば、「宗教2世」問題と日本におけるイスラム教の子どもたちの問題などを並行して考えていくことでもある。それらをつなげて、例えば学校教育の場面でどういう配慮が必要か、そういうことの理解や検討につなげていく。そこからさらに、イスラム教徒やヒンドゥー教徒などの子どもたちだけに限らない問題であること、エホバの証人2世や創価学会2世、統一教会2世などの問題にも同じように考えていけるところがあるということ。「内なる他者」というと言いすぎかもしれませんけど、異文化理解というのは何も外国文化だけではないんだよというところにつなげていけないかなというのは思っているところですね。

**横道**　私は学校現場で、スクールソーシャルワーカーみたいな人たちがもっとこう活躍できるといいなとは思いながらも、学校現場というのは壁が厚くて、いわゆる貧困の問題にしろ、虐待の問題にしろ、これまで踏みこめなかった。宗教の問題も先生のおっしゃるとおりだと思いつつ、なかなか難しいんじゃないかなって、正直思ってしまったりもしますね。現場の先生たちにそこまで要求することの難しさもあるというか。

**塚田**　新たな取りくみを増やしていくことが、いまの学校現場ではほとんど難しいということは、もちろんわかります。その場合の考え方としては、例えば教員養成課程のなかにそういう問題に対応した内容を組みこむ、触れていくことです。私がいまやっていることとです。あとは、新たに何かを加えるのではなく、学校現場における現状の取りくみや教育内容（たとえばすでにある宗教教育や多文化理解教育など）のなかで、工夫ができないかということです。

今回、期せずして、「宗教2世」問題が急に社会的注目を浴びることになりました。もっとも問題自体は事件以前から濃厚にあったものですし、それを訴える声も上がっていたものの充分に届かなかったのです。それを再び放置してはいけません。「事件に乗じて2世問題で騒ぐようなのは容疑者の思うつぼ」ではありません。現状で伝わるかぎり、容疑者は何も「宗教2世が救われますように」などと考えて行動したのではないですから。「便乗」ではないのです。ただ、この見過ごされてきた問題に社会の注目が向いているのは確かでしょうから、そのなかで何を順番に確実にやっていくべきか、私も継続して取りくみ、発信していきたいと思っています。

**横道**　はい。今日はお忙しいところ、ほんとうにありがとうございました。

終章

# 支援について考える

序章、第Ⅰ部、第Ⅱ部を通して読んでくださった皆さんは、公助に依拠した支援がなかなか期待できない現状に絶望を覚えたかもしれない。それぞれの当事者や専門家は懸命に語っているが、はっきりとした解決策への見通しが利かないというのが現在の隠しようもない状況で、私たちはここから出発していくしかない。

それぞれの人が――必ずしも支援に関わらない豊かで魅力的な見解や逸話とともに――どのようにすれば良いかを語ってくれているから、読者はぜひ個々の発言から自分なりのヒントを見出してほしいのだが、終章にあたって、以下で短いものの筆者なりに考えた支援への展望をまとめておくので、参考にしていただけるとありがたい。

一般的にカルトと見なされない宗教団体の2世も「2世問題」の当事者として苦しんでいる実情が、菊池真理子さんの語りから見えてきたはずだ。カルトといえば宗教団体に限らず、自己啓発セミナー、マルチ商法の会社、陰謀論団体、極端な主張をする政治団体も包摂する概念で、それぞれの集団の2世のことも気にかかるが、他方で2世問題が広く宗教界に存在している問題だということは見逃してはならない。

社会には彼らを広く掬《すく》いあげる受け皿がないために、そして彼らに対する支援が不充分なために、オウム真理教2世のまひろさんが語っていたように、脱会した2世でも教団の支援を受けざるを得なくなる状況がある。そうして脱会した教団にふたたび吸いよせられる危険にさらされる。天理教5世のヨシさんが語っていたように、別の宗教から救いが寄せられることもあるが、宗教被害で傷ついた2世に、そのような救いの手はむしろ二次被害をもたらす危険性もある。筆者は、渡辺みきさんらが立ちあげた「宗教2世ホットライン」がLINEを利用した相談窓口を開いていると聞いて登録したのだが、しばらくすると励ましのための聖書の文言（聖句）が、登録者宛に送られてきた。送り手は窓口で相談相手になっているキリスト教関係者で、誤送信だから許してほしいという弁明があとから送られていたが、二度と宗教に関わりたくないと思っている筆者は、結局このような窓口は別の宗教に信者を「回収」するためのものなのか、と暗澹《あんたん》たる気分になってしまった。

銃撃事件以降、与党も野党も宗教2世に関する勉強会を開くようになって、筆者のもとにも議員立法を策定中だと伝えてくる国会議員がいた。末冨芳さんには、政策に提言できる立場にいる人として、ぜひ宗教2世問題に貢献してほしいと願っている。具体的には、銃撃事件以後にマスメディアでよく話題になったフランスの反セクト法のようなものが制定されるとありがたいというのが、多くの宗教2世の願いだ。この法律は塚田穂高さんも指摘しているように、どこそこの教団をセクト（ないしカルト）だと指定するのではなく、セクト的（ないしカルト的）と判断せざるを得ない一般的な基準を設定し、教団による人権侵害に縛りを与えるという点で、日本での類似法案の制定を検討するうえでもモデルになると考えられる。

鍵になるのは「宗教被害」の考え方だ。宗教団体が社会に被害をもたらす可能性を広く議論することは、オウム真理教の事件があったのちの現在、統一教会の問題が取り沙汰されている現在でも、なかばタブー視されている。しかし、宗教2世たちは実際に「宗教による被害」に苦しんできた。そのことを踏まえて、法制度が整備されてほしいと願う。

とはいえ筆者は、それがスムーズに進捗すると想像してはいない。というのも、新宗教を母体とした政党が与党に入っている現状では、「宗教被害」という考え方が政策に汲みあげられない可能性が高いからだ。そうであるならば、次善の策として、児童虐待からの保護対象として宗教2世の救済を含むと明記する方向で、現行の法律を改正するか、新しい法律が制定されてほしい。宗教組織の危険な規範の規制にはつながらないが、救われる子どもたちが増えるならば、筆者として大いに歓迎できる。

また、仮に法案が制定されたとしても、安井飛鳥さんが指摘したように、魂が入っていない仏像のようなものになっては元も子もない。だから専門家たちのあいだでも、一般市民のあいだでも、宗教2世の実態が広く知られ、支援の必要性が認められていくことを願う。

考えたくはないが、どのような法案を出しても、さまざまな反対によって制定に漕《こ》ぎつけない可能性もある。加えて、法律が制定され、公的な支援体制が整ったとしても、それですべてが解決すると考えるのは楽観的すぎるだろう。筆者には発達障害があるから思うのだが、発達障害には関連法案の発達障害者支援法があり、全国に発達障害者支援センターが設置され、精神科医もカウンセラーも発達障害について学んでいるが、それでも当事者たちは生きづらさが減らないということで、自助グループ活動が栄えている。

おそらく宗教2世問題も同様の展開を辿るのではないだろうか。つまり自助グループ活動は、公助が整ったあとにも有益さを失わないと考える。筆者は当事者として自助グループの運営に関わっているから、これはしろうとの支援者、つまりピアサポーターの立場にあると言える。そこで、同じくピアサポート活動に尽力するぷるもさんが、ピアサポーターのための公的な支援がほしいと訴える気持ちは充分に理解できる。他方で私は職業的には大学の研究者で、専門家というものの価値を大切にしているから、公認心理師などの資格を持つちざわりんさんが訴えるように、保健所から宗教2世の支援が広まってほしいという考え方も支持したい。

藤倉善郎さんは、支援者は必ずしもカルト問題の専門家でないと訴えていた。宗教2世問題に関わる支援者が少ないことへの危機感からそう語ったわけだが、支援者の側が知識が足りないと自信を持って支援できないと感じる場合には、彼らのための公的な研修が活発に開かれるようになってほしいと願う。さらには、支援者が宗教1世や教団からの恫喝《どうかつ》に萎縮しないで済むように、国や地方自治体が支援者をバックアップする体制が必須となる。

このように、ほとんど公的な支援が行きとどかない状況で、私は自助グループで当事者研究を主体にした語りあいの場を継続している。自分の宗教2世としての体験談を話し、他者に受けとめてもらえる場所は、きわめて貴重だ。初めて参加してくれた人は、おそるおそる自己紹介をして、泣きだしそうな声で体験談を共有し、聴きとりがなかなか難しいこともある。これまでに誰かに説明しても理解されなかった経験があれば、情緒はズタズタに傷つけられていて、心は壊れかけている。

だが、そのような人でも、私たちの会合の参加中に自分の話がきちんと受けとられていることを理解すると、急速に冷静さを取りもどしていく。ほかの人の体験談に耳を傾けていると、自分とそっくりな場面を経験したことが語られたり、場合によっては自分は免れた凄惨な出来事が語られたりするのに接して、さらに冷静さは増す。そうして終了の挨拶を交わすときには、初めは暗く沈んだ心をあらわに示していた初めて参加した人の声が、少しだけ明るいものに変わっている。そのときに、私は自助グループの主宰者としてのやり甲斐を最大限に覚える。

宗教2世の当事者同士で語りあっていると、場合によっては親や教団を裁判所に訴えたいと口にする人もいる。自助グループでは、残念ながらそのような要望に応答できない。自助グループは法的な解決をめざす団体ではなく、あくまでも当事者同士が互助関係を結んで、メンタルヘルスの回復をめざすものなのだ。そのような限界があるのはたしかなのだが、公助がほとんどない現状では、自助グループの果たす役割は大きいと言えるだろう。

私が主宰する自助グループに、高校生や大学生などの若い宗教2世が参加することもある。彼らはツイッターのアカウントを持ち、「2世界隈」に参入し、ふだんから自分の体験や思いを発信している。彼らの悩みをやわらげることに貢献できることを喜びつつも、筆者としては同時にもっと下の年代、ツイッターのアカウントを持たず、私の自助グループにつながることができない子どもたちにも思いを馳《は》せざるを得ない。小学生、中学生はもっと上の年代の人々よりも、さらに大きな苦しみを味わっているはずだ。自助グループでは彼らの救済に手が届かない。そのことを考えれば、公助の整備の必要性が改めて浮き彫りになる。

## 追記

この終章を書きおわったあと、二〇二二年一二月九日、統一教会の1世や2世のための「被害者救済法案」と呼ばれてきたものが成立した。しかし、正式名称が「法人等による寄付の不当な勧誘の防止等に関する法律」という名称からわかるとおり、この法律は「宗教被害」の一部に当たる高額献金を規制することに狙いを絞っているという点で、統一教会2世はもちろん、別の教団出身の宗教2世問題を解決するものではない。献金の取消要件も限定的で、創価学会を母体とする与党の公明党によって骨抜きにされたことが、さまざまな識者から指摘された。幅広く手厚い宗教2世支援は、今後の課題に留まっている。

さらに二〇二二年一二月二七日、厚生労働省は、児童相談所などが宗教2世の子どもたちの悩み相談に対応できるように、対応する際の留意点などをまとめた指針を全国の自治体に通達した。「宗教被害」を受けている子どもたちは、まだ未成年なので自分の状況を相対化できず、虐待や矯正や恫喝などの「被害」に気づいていないことが多いので、どのくらいこの方針が機能するかは不透明だが、大きな前進として受けとめている。まずは子どもの宗教2世の状況改善から始まっていってほしいと願う。しかしもちろんそれとは別に、かつ子どもだった、そして現在はおとなになった宗教2世たちの回復の問題が取りくまれなければならない。

# おわりに

本書の成立について記しておこう。

第Ⅰ部と第Ⅱ部ともに、まずは筆者がそれぞれの相手とインタビューないし対話をおこなって、専門業者に録音素材を文字起こししてもらった。あがってきた原稿は筆者がほどよい分量に編集を加えて、その際に表記の統一なども図った。そのあと、それぞれの対談相手に加筆修正をしてもらい、その原稿を改めて筆者が調整した。第Ⅰ部に関しては、筆者の発言はすべて削除して、語り手の声だけが響くように努めた。第Ⅱ部では筆者の声も残して、対談の体裁を取った。序章は担当の深澤さんから筆者にインタビューをしてもらって、文字起こしの原稿をやはり筆者が整理した。序章と第Ⅰ部では、宗教2世の当事者たち、つまり筆者らサバイバーの声が単声性（モノフォニー）をもって太い音色で響き、第Ⅱ部では筆者と専門家たちの声が多声性（ポリフォニー）をもって多種多様な音色を奏でられていればうれしい。

序章、第Ⅰ部、第Ⅱ部の作業ののちに、はじめに、終章、おわりにを書いて、本書の本文は完成に至った。装丁はprigraphicsの清水肇さんが担当してくれ、菊池真理子さんのジャケット画を見事に引きたててくれている。一貫して本書を支えてくれた編集者の深澤孝之さんと、登壇してくれた当事者と支援者の皆さんに、心から感謝を表明したい。

二〇二三年一月

横道誠

# 執筆者

**ぷるも**
四〇代のシングルマザー。三八歳の頃、発達障害であることが判明。ボランティアスタッフや署名の呼びかけ人として、児童虐待防止や宗教2世救済を求める活動に参加している。

**まひろ**
元オウム真理教2世信者。二〇年以上前に脱会するが、現在もトラウマに悩まされている。安倍元首相銃撃事件を機に、2世問題に声をあげはじめる。

**ヨシ**
天理教の教会後継者。現在も天理教を信仰している。2世問題には信仰者も積極的に取り組むべきと考えている。他宗教との交流、宗教問題のカウンセリング活動等も行う。

**ちざわりん**
公認心理師、社会福祉士。エホバの証人の宗教2世当事者。2020年からSNS（Twitter）を中心に宗教2世を対象にしたピアサポート活動をしている。本業は高齢者・地域福祉分野の対人援助職。

**菊池真理子**（きくち・まりこ）
漫画家。代表作に『酔うと化け物になる父がつらい』『毒親サバイバル』『依存症ってなんですか？』。2022年に六人の宗教2世と自身の経験を漫画化した『神様のいる家で育ちました～宗教2世な私たち～』を刊行。

**末冨 芳**（すえとみ・かおり）
日本大学文理学部教育学科教授。専門は教育行政学、教育財政学。2014年より内閣府・子どもの貧困対策に有識者として参画。主著に『教育費の政治経済学』（勁草書房）、『子どもの貧困対策と教育支援』（編著、明石書店）など。

**安井飛鳥**（やすい・あすか）
社会福祉士、精神保健福祉士、弁護士。弁護士とソーシャルワーカーの協働を考える会発起人。児童相談所や社会的養護のアフターケア事業所等の業務に携わりながら、さまざまな困難な状況にある子ども・若者の権利擁護活動に従事。

**藤倉善郎**（ふじくら・よしろう）
1974年生まれ。ジャーナリスト。大学在学中からカルト問題を取材。2009年に『やや日刊カルト新聞』を創刊。著書に『「カルト宗教」取材したらこうだった』（宝島社）、『徹底検証　日本の右傾化』（共著、筑摩選書）など。

**塚田穂高**（つかだ・ほたか）
1980年生まれ。上越教育大学大学院准教授。専門は宗教社会学。新宗教運動・宗教と政治・カルト問題などを研究する。主著に『宗教と政治の転轍点』（花伝社）、『徹底検証　日本の右傾化』（編著、筑摩選書）など。

編著者
**横道 誠**（よこみち・まこと）
京都府立大学文学部准教授。1979年生まれ。大阪市出身。文学博士（京都大学）。専門は文学・当事者研究。単著に『みんな水の中――「発達障害」自助グループの文学研究者はどんな世界に棲んでいるか』（医学書院）、『唯が行く！――当事者研究とオープンダイアローグ奮闘記』（金剛出版）、『イスタンブールで青に溺れる――発達障害者の世界周遊記』（文藝春秋）、『発達界隈通信――ぼくたちは障害と脳の多様性を生きてます』（教育評論社）、『ある大学教員の日常と非日常――障害者モード、コロナ禍、ウクライナ侵攻』（晶文社）、『ひとつにならない――発達障害者がセックスについて語ること』（イースト・プレス）が、編著に『みんなの宗教2世問題』（晶文社）がある。

信仰から解放されない子どもたち
――#宗教2世に信教の自由を

2023年2月12日　初版第1刷発行

編著者　横道　誠
発行者　大江道雅
発行所　株式会社　明石書店
〒101-0021　東京都千代田区外神田6-9-5
電話　03（5818）1171
FAX　03（5818）1174
振替　00100-7-24505
https://www.akashi.co.jp/

装丁　清水肇（prigraphics）
装画　菊池真理子
印刷・製本　モリモト印刷株式会社

（定価はカバーに表示してあります）　ISBN978-4-7503-5533-7